国外农业丛书

主编 晋保平 张宇燕

国外的农业合作组织

——以日本为例

范三国 编著

中国社会出版社

图书在版编目(CIP)数据

国外的农业合作组织：以日本为例/范三国编著. —北京：中国社会出版社，2006.9
（国外农业/晋保平，张宇燕主编）

ISBN 978-7-5087-1487-5

Ⅰ.国… Ⅱ.范… Ⅲ.农业合作组织-简介-日本
Ⅳ.F331.34

中国版本图书馆 CIP 数据核字(2006)第 109433 号

丛 书 名：国外农业
主　　编：晋保平　张宇燕
书　　名：国外的农业合作组织——以日本为例
编 著 者：范三国
责任编辑：彭先芬

出版发行：中国社会出版社　　　邮政编码：100032
通联方法：北京市西城区二龙路甲 33 号新龙大厦
电　话：(010)66080300　　(010)66083600
(010)66085300　　(010)66063678
邮购部：(010)66060275　　电　传：(010)66051713
网　　址：www.shcbs.com.cn
经　　销：各地新华书店

印刷装订：北京华创印务有限公司
开　　本：140mm×203mm　1/32
印　　张：5.875
字　　数：142 千字
版　　次：2006 年 9 月第 1 版
印　　次：2014 年 7 月第 4 次印刷
定　　价：9.00 元

建设社会主义新农村书屋

总顾问：回良玉

编辑指导委员会

主　任：李学举

副主任：翟卫华　柳斌杰　胡占凡　窦玉沛

委　员：詹成付　吴尚之　涂更新　王英利

　　　　李宗达　米有录　王爱平

农民看世界图书编辑委员会

主　任：晋保平

副主任：王英利　张宇燕　赵　睿　赵一红

国外农业丛书

主　编：晋保平　张宇燕

副主编：赵　睿　应寅锋

总序　造就新农民 建设新农村

李学举

党的十六届五中全会作出了建设社会主义新农村的战略部署。在社会主义新农村建设过程中，大力发展农村文化事业，努力培养有文化、懂技术、会经营的新型农民，既是新农村建设取得进展的重要标志，也是把社会主义新农村建设不断推向前进的基本保证。

为落实中央的战略部署，中央文明办、民政部、新闻出版总署、国家广电总局决定，将已开展三期的“万家社区图书室援建和万家社区读书活动”由城市全面拓展到农村，“十一五”期间计划在全国三分之一以上的村委会开展农村图书室援建和读书活动，使两亿多农民由此受益，让这项造福城市居民的民心工程同时也造福亿万农民群众。中央领导同志对此十分重视，中共中央政治局委员、国务院副总理回良玉同志作出重要批示：“发展农村文化事业是新农村建设的重要内容，也是农村发展中一个亟待加强的薄弱环节。在农村开展图书室援建和读书活动，为亿万农民群众送去读得懂、用得上的各种有益书刊，对造就有文化、懂技术、会经营的新型农民，满足农民全面发展的需求，将发挥重要作用。对这项事关农民切身利益、事关社会主义新农村建设的重要活动，要精心组织，务求实效。”

中共中央政治局委员、中央书记处书记、中宣部部长刘云山同志也作出重要批示。他指出：“万家社区图书室援建和万家社区读书活动，是一项得人心、暖人心、聚人心的活动，对丰富城市居民的文化生活、推动学习型社区建设发挥了重要作用。这项活动由城市拓展到农村，必将对丰富和满足广大农民群众的精神文化生活，推动社会主义新农村建设发挥积极作用。要精心组织，务求实效，把这件事关群众利益的好事做好。”

为了使活动真正取得实效，让亿万农民群众足不出村就能读到他们“读得懂、用得上”的图书，活动的主办单位精心组织数百名专家学者和政府相关负责人，编辑了“建设社会主义新农村书屋”。“书屋”共分农村政策法律、农村公共管理与社会建设、农村经济发展与经营管理、农村实用科技与技能培训、精神文明与科学生活、中华传统文化道德与民俗民风、文学精品与人物传记、农村卫生与医疗保健、农村教育与文化体育、农民看世界等10大类、1000个品种。这些图书几乎涵盖了新农村建设的方方面面。“书屋”用农民的语言、农民的话，深入浅出，使具有初中文化水平的人就能读得懂；“书屋”贴近农村、贴近农民、贴近农村生活的实际，贴近农民的文化需求，使农民读后能够用得上。

希望农村图书室援建和农村读书活动深入持久地开展下去，使活动成为一项深受欢迎的富民活动，造福亿万农民。希望“书屋”能为农民群众提供一个了解外界信息的窗口，成为农民学文化、学科技的课堂，为提高农民素质，扩大农民的视野，陶冶农民的情操发挥积极作用。同时，也希望更多有识之士参与这项活动，推动农村文化建设，关心支持社会主义新农村建设。

前 言

日本是个岛国，国土面积狭小，土地贫瘠分散，自然资源非常贫乏。尽管日本的工业非常发达，但农业在日本国民经济中所占的份额并不高。日本农业的特点是土地零星分散、私人所有和小规模家庭经营，大农场的经营方式施展不开。单靠一家一户单兵作战，日本农业生产本身没有多少优势可言。随着日本国内农产品市场的对外放开，来自国外农产品的竞争越来越大。怎样才能提高农业效益，增加农民收入？日本政府认为，实行专业化集约经营，即进行专业化生产，在同一面积土地上投入较多的生产资料和劳动进行精耕细作，用提高单位面积产量的方法来增加产品总量的经营方式，是农业的根本出路。想法虽好，可落实起来却很难。要推广农业专业化经营，就必须把一家一户农民组织起来。对此，政府有心无力。而与农民打交道，正是农业协同组合的老本行。于是，日本政府把与农村、农业有关的大量业务，委托给农业协同组合负责。在日本农业现代化的发展过程中，农业协同组合起到了非常重要的作用。

目　录

第一章　日本农业协同组合的诞生与发展

日本农业协同组合的发展经历了百年的历史。在不同的时期，日本农业协同组合开展着不同的业务，发挥着不同的功能。特别是 1947 年日本农业协同组合重建以后，对日本农业生产的发展和农民生活水平的提高，发挥着积极的作用。

第一节　日本农业协同组合的概念

日本农业协同组合中“协同”是“合作”的意思，“组合”是“团体”、“组织”的意思，“农业协同组合”就是农业合作组织或农业合作团体。在日本，人们有时也将其略称为“农协”，或是称作“JA”（该组织英文的缩略语）。

农业受自然条件的限制和影响较大，尤其在日本，地震等自然灾害经常发生，农民更要遭受比其他国家农民多得多的自然灾害。另一方面，在日本资本主义市场经济条件下，农民作为弱小的经济个体不仅要面对自然灾害的困扰，还要面临资本家和商人的剥削。为了生存和发展，一家一户的农民不得不组织起来，建立代表农民利益的合作组织，以集体的力量共同抵御频发的自然灾害和强大的资本剥削。这样的农业合作组织就是本书要介绍的日本农业协同组合，也就是日本农民的合作组织。

那么，日本农业协同组合究竟是一个什么样的组织呢？日本农业协同组合最早出现在 1900 年，第二次世界大战结束后，又按照日本政府1947年颁布的《农业协同组合法》重建。《农业协同组合法》的相关规定有：

(1) 农业协同组合是农民自己的组织，非农户只能参加农业协同组合的活动和利用农业协同组合的事业，而没有表决权、选举权和被选举权；

(2) 农业协同组合的一切活动都依据《农业协同组合法》自主进行，不受任何外界的干扰；

(3) 农民可以自愿加入和自愿退出农业协同组合，不受任何政治派别、宗教信仰的限制；

(4) 农业协同组合实施民主管理，农业协同组合的正式成员以民主投票的形式选举农业协同组合干部，决定农业协同组合的政策方针；

(5) 农业协同组合在经营活动中，不以营利为目的，而以提高农民的经济地位和社会地位为宗旨，等等。

从农业协同组合自身所具有的性质可以看出，“农业协同组合”是一个农民为了维护和实现其自身的利益，在平等、自愿、互利的基础上结成的合作经济团体。此外，农业协同组合不仅在组织形式上有着严格的规范，在人员构成、业务内容、组织制度等方面也有着明确的规定。

第二节　日本农业协同组合的发展历程

早在明治维新时期的19世纪70年代~90年代，为了改变日本小规模农副产品出口在国际市场中的不利地位，当时在一些地方自发产生了以销售本地单一农产品（如丝绸、茶叶等）为主的专业合作社，目的在于统一农产品的生产标准，提高农副产品的质量。政府为了扶持农业的发展和小规模农业生产者的利益，对这种农民自发组织的合作社给予了大力支持。这是日本农业协同组合发展的早期阶段。

1900年，日本颁布了《产业组合法》，开始在全国范围内建立各种合作社，这是合作社在日本历史上第一次得到法律的承认。《产业组合法》是一部理想色彩非常浓厚的法律，它是当时的两位日本政府官员在考察了欧洲农业之后，将德国的合作组织模式引入日本的一次尝试。根据该法律，产业合作社实现了制度化，但还没有在农村得到普及。1909年，日本政府修改了《产业组合法》，增加对合作社的低息贷款和财政投资，合作社的规模由此不断扩大。1910年成立了农业协同组合中央会和地方联合会，负责对全国及地方合作社的普及和指导工作。1923年又成立了全国购买协会联合会、农业协同组合中央金融公库。随后在全国按各种主要农产品分别建立了全国农业协同组合联合会。1925年前后，日本基本形成了包括基层（即市、町、村）、县级（都、道、府、县）和全国三级合作社体系。1933年政府开始制定和实施以全体农户加入，消灭合作社空白村，实现各合作社兼营信用、采购供应、销售等为目标的“产业组合发展五年计划”。1933年~1936年，日本合作社经营规模有了迅速发展和扩大。到1940年，日本农业协同组合的雏形基本上确立了。

1937年日本发动对华侵略战争后，合作社受到国家的直接干预，成为唯一代理国家供应肥料和收购大米的政府指定机构及接收国家债券的单位。1943年，政府决定把产业组合和农会合并为“农业会”，并成为国家的统治机关。此后，农民一度失去了入会和退会的自由。随着日本对外侵略战争的扩大，农业会开始承担战时农产品的供给、生产及生活资料的配给、吸收农村资金、限制农业劳动力的流动等政治控制业务。产业合作社已经完全丧失了当初自主经营的特征。这是日本农业协同组合发展的低谷时期。1946年，随着第二次世界大战的结束，农业会被解散。

第二次世界大战后，日本农业濒临崩溃，种植业以粮食生产为主，科技含量不高，产量很低，出现了粮食危机。日本政府为了克服战争给农村造成的严重灾荒，对农业采取了三项措施，即土地改革、土壤改良和组建农业协同组合。1947年，日本政府颁布并实施了《农业协同组合法》，农业协同组合作为农民自主、民主的组织重新出现。《农业协同组合法》规定，农业协同组合以“提高农业生产能力，提高农民的社会经济地位，实现国民经济的发展”为目的，是法制化的农民自主合作组织。农业协同组合“从事的各项事业是最大限度的为成员作贡献，不以营利为目的”，由此提高农业经营和农民生活水平。该法律还规定了农业协同组合可以开展的业务，这些内容对今天日本农业协同组合的业务活动仍然具有指导意义。

在《农业协同组合法》的指导下，1947年~1950年短短3年时间里，日本各地普遍成立了基层农业协同组合、县级联合会。县级联合会是基层农业协同组合的上层机构，以后章节会有具体的介绍。但是，当时农民的合作意识不强，许多农业协同组合只有牌子，没有实际内容。农业协同组合成立不到一年，就因经济的变动、经营者缺乏经验、成员不积极支持等原因而陷入困境。为了摆脱困境，农业协同组合在全国范围内掀起了增加农民入股运动、农业计划运动、购买和贩卖事业组织化等一系列运动，日本政府也直接或间接地加强指导农业协同组合的工作，在财政上给予大量补助。

1956年日本政府制定了《农业整备措施法》，从法律上进一步加强了对农业协同组合的保护和援助，使各级农业协同组合在业务经营上逐步趋于稳定。1961年，日本政府又公布了《农业基本法》和《农业协同组合合并助成法》，规定基层农业协同组合与市、町、村一级的政府机关联合成立农政协议会，从而确定了农业协同组合在农村经济中的领导地位，各项业务也有了很大发展。到1961年,日本农业协同组合的数量已由1950年初的4000多个扩大到12050个,99%以上的农民都加入了农业协同组合。

20世纪70年代，在工业迅速发展的带动下，日本农村发生了深刻变化。农业的专业化、机械化生产开始出现，电脑也逐渐运用到了商品流通领域。针对农村和农业的发展变化，日本农业协同组合从组织机构、商品流通形式、业务范围等方面都采取了相应的措施。1972年，全国购买农业协同组合联合会和全国贩卖农业协同组合联合会合并，成立了全国农业协同组合联合会。与此同时，全国不少基层农业协同组合也进行了合并，普遍增设了保险业务、信用业务、指导业务等，农业协同组合的职能得到逐步完善。

进入20世纪80年代以后，市场竞争日益激烈，日本的农业协同组合也在不断寻求自身的发展，并不断进行创新。从1986年起，基层农业协同组合开始改变原来的一户只有一个农业协同组合正式成员名额的标准，实行一户多个正式成员名额的制度，使农家青年、妇女都可以作为正式成员参加农业协同组合的组织活动。同时，为提高农业协同组合事业的经济效益，增加农民收入，不少地方基层农业协同组合进一步合并，基层农业协同组合的规模不断扩大。

1990年，日本农业协同组合再次进行改革，将原有的12000多个基层组织合并为3574个，农业协同组合数量不到原来的1/3，而平均每个基层组织会员数由过去的628个增加到2397个。此后，日本农业协同组合继续坚持改革，把“基层——县——中央”三级组织体系改为“基层——中央”二级，到2000年4月已完成了47个县级农业协同组合与中央农业协同组合的合并，基层组织也通过合并的方式减少到950个。基层组织的目标是进一步合并到530个。

第三节　日本农业协同组合的作用

自1900年颁布《产业组合法》以来，日本的农业合作组织已经有了100多年的历史。在不同的发展时期，日本农业协同组合对日本农业的发展作出了不同的贡献。尽管日本农业仍然面临着严峻的挑战，但可以说，如果没有日本农业协同组合，日本就不可能迅速改变战后的食品短缺状况，也就很难有日本今天的高度发达的现代化农业。

一、不同时期的农业协同组合功能

1. 第二次世界大战前的产业组合

日本明治维新时期，为了促进农业生产的发展，避免商人对农民的剥削，保护农民的利益，明治政府制定了《产业组合法》，鼓励发展产业组合，以改善农村流通。产业组合的功能主要是为农民供应肥料等生产资料和销售茶叶、生丝等农产品。第一次世界大战后，受世界经济大萧条的影响，日本农村经济发展缓慢，农村的社会关系紧张起来。为促进农村经济复兴，当时的政府提出了“自力更生、相互扶助”的口号，其具体内容就是鼓励并扶持产业组合的发展，允许产业组合同时经营销售业务和信用合作业务。此时，产业组合已成为政府农业政策的具体实施者之一，其主要功能是对农产品销售和信用合作实行管理，以保护农民的利益。

2. 第二次世界大战后恢复时期

日本战败后，进行了农地改革，废除了地主制度，大多数农民分到了自己的土地，成了自耕农。为防止这些自耕农再次沦落为佃农，日本在全国范围建立了农业协同组合组织。这一时期，日本粮食严重短缺，如何增加粮食产量、确保粮食供应是日本制定农业政策的中心问题。为此，日本政府继续实行了战时的粮食统购制度，农民必须将生产的粮食全部通过农业协同组合卖给国家，农业协同组合事实上成为农村唯一的粮食销售渠道。当时农业协同组合的主要任务：一是围绕生产资料购买与信用合作领域，为农民提供所需要的肥料、农具等生产资料和资金，以促进粮食增产；二是配合政府执行粮食统购政策，以确保粮食供应。此时的农业协同组合，既是农业服务组织，又是政府粮食统购政策的实际执行者。

3. 基本法农政时期

1950 年以后，随着粮食不断增产，粮食短缺问题得到解决，随之出现了大米等粮食的生产过剩；与此同时，工业快速发展带动了城市居民收入的较快上升，工农、城乡差距逐渐扩大，来自农业协同组合等农业团体要求农业保护的呼声日益高涨。日本政府于 1961 年制定了《农业基本法》，希望通过提高农业劳动生产率，缩小城乡的收入差距，实现工农收入均衡。同时，在农业协同组合等农业团体的压力下，日本实行了农产品价格保护政策。由于大米大量过剩，20 世纪 70 年代以后，日本政府开始推出有计划地减少稻米种植面积的生产结构调整政策，农业协同组合则是结构调整政策的实际执行人。此时，农业协同组合充当了农民利益的代表和政府职能代理人的双重角色。

4. 国际化农政时期

1980 年以来，国外农产品大量进入日本市场，日本农业受到贸易自由化的冲击，农产品的自给比例逐年下降。在生产资料购买和农产品销售过程中，农业协同组合流通业务的亏损逐年扩大，农业协同组合经营对金融、保险业务的依赖越来越大，农业协同组合综合经营的特色日益明显。由于农民收入提高，农业生产资金短缺的现象减少，新的问题是如何有效运用农户的闲钱。因此，农业协同组合在继续围绕为农民提供农产品销售和生产资料购买等流通领域服务的同时，通过开展信用合作业务，一方面为农民提供生产所需的资金保障；另一方面有效运用农户的闲钱，向农户返还红利，为农民提供资产管理服务。此时，从产前、产中、产后到资金管理服务，农业协同组合作为农户经营代理人的作用已不容忽视。

5. 新政策及新基本法时期

20 世纪 90 年代以来，随着泡沫经济的崩溃，日本经济一蹶不振，日本政府为此推出了一系列经济振兴的对策，其中之一便是放松金融管制。以往得到优惠待遇的农业协同组合信用合作业务，不得不开始与其他商业金融机构站到同一起跑线上平等竞争。此外，日本政府还于 1995 年颁布了《新粮食法》，终止了持续半个世纪的粮食统购制度，农业协同组合在粮食流通领域的垄断地位被打破，在农产品流通领域的业务收入大幅度减少，甚至出现亏损。金融环境和流通制度的变化使农业协同组合信用合作业务面临着新的挑战。近年来，农业协同组合加快了基层农业协同组合合并的进度，以增强基层农业协同组合的实力。日本农业协同组合在继续围绕发挥农民利益的代表、政府职能代理和农户经营代理人的三重功能的同时，开始为自身的生存而奋斗。

二、第二次世界大战后日本农业协同组合的作用

第二次世界大战结束后，日本农业协同组合的功能不断完善。农业协同组合在日本农业现代化以及国民经济发展中起到了重大的作用。

首先表现在巩固土地改革成果、保护自耕农利益上。农业协同组合围绕流通和信用合作服务，为小农生产者提供了产前、产中、产后以及资金调剂等多方面的服务，巩固了土地改革所确立的自耕农体制。可以设想，如果没有农业协同组合，大量农民的生产将难以为继，甚至重新失去土地，再次沦为佃农。

作为农产品的主流通渠道，农业协同组合在推动农产品销售领域的作用是非常重要的。同时，农业协同组合作为农民团体，一是通过为农民提供产前、产中、产后以及资金调剂等多方面的服务，促进生产发展和收入提高；二是向社会呼吁，增强农业保护意识，促使政府采取农产品价格保护政策，提高了农产品价格；三是充当农户经营代理人，为农民提供资产管理服务，增加了农民收入，缩小了工农、城乡差别。日本农业协同组合在农民资金不足时，为农民提供资金调剂的服务，解决资金不足的困难；在农民出现闲置资金时，又为农民提供资产管理服务，从而有效地组织了农户资金，提高了资金利用率。同时，农业协同组合通过发展农村保险事业，为农民提供了有效的社会保障。

此外，农业协同组合作为自上而下组织起来的农民团体，从一开始就帮助政府开展了大量农村工作，减轻了政府的负担。具体说来，从粮食统购制度下的粮食统购业务，到生产结构调整政策下的调减大米种植面积，都分担了政府职能部门的工作，大大减轻了政府的负担，有力地推动了各项农业政策的贯彻和落实。

第二章　日本农业协同组合的体系和特点

日本农业协同组合是一个庞大的组织，它的机构遍布日本的全国各地，可以说，只要是有农民的地方就有它的身影。

第一节　日本农业协同组合的体系

日本农业协同组合自建立以来，经过半个多世纪的发展和完善，现在已经形成了一套比较完整的组织体系，由基层农业协同组合、县级农业协同组合联合会和全国农业协同组合联合会三级组织构成。

基层农业协同组合是农业协同组合系统中最基层的部分，由日本的农民直接参加组成，围绕各种生产、生活活动与农民打交道，直接为农民服务。基层农业协同组合的上层组织是县级农业协同组合组织。日本的县相当于我国的省。县级农业协同组合组织再往上，是全国农业协同组合组织。与基层农业协同组合不同，在日本，县级农业协同组合和全国农业协同组合通常称为农业协同组合联合会，如都（道、府、县）农业协同组合联合会、全国农业协同组合联合会。它们不是直接由农民组成的，而是由下一级农业协同组合入股组成的。农业协同组合联合会在业务和职能上也与基层农业协同组合不同。

一、基层农业协同组合

顾名思义，基层农业协同组合是农业协同组合体系中最基层的部分，一般指市、町、村一级的农业协同组合，它们直接与农民打交道。按照经营业务的种类来分，基层农业协同组合可以分为综合农业协同组合和专业农业协同组合；按照成员是否入股来分，基层农业协同组合又可以分为出资农业协同组合和非出资农业协同组合。

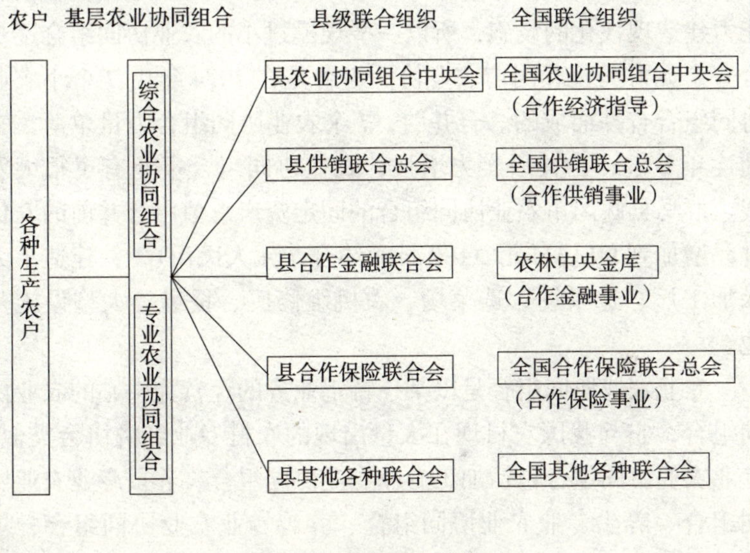

日本农业协同组合的体系

1. 综合农业协同组合与专业农业协同组合

按照经营业务的种类来分，农业协同组合可以分为综合农业协同组合和专业农业协同组合。综合农业协同组合的业务活动范围一般包括多个农业生产部门，许多综合农业协同组合是把一个地区（如市、町、村）内所有的农村经济活动作为服务对象，围绕农业生产的产前、产中、产后提供多样化、综合性的合作服务。具体包括农业生产技术指导、农产品的销售、生产资料供应、农业设施的合作使用、农村信贷和农村保险、农村生活资料供应、农村教育、文化、生活、医疗、保健、福利等方面。

现在日本农村每个市、町、村都有综合农业协同组合的事业，但也不是每个市、町、村都有一个农业协同组合，有的是几个市、町、村有一个综合农业协同组合。因为随着竞争的日益加剧，规模小的农业协同组合在经营上往往处于不利地位，也没有能力建造现代化的设施，所以一些规模过小的农业协同组合逐步合并。如群马县藤冈市农业协同组合是在 1974 年由 7 个小农业协同组合合并而成的。合并前，7 个农业协同组合力量单薄，有的连年亏本；合并后实力增强，农业协同组合事业有了很大发展。群马县藤冈市农业协同组合的固定资产总值由合并前的 9 亿日元增加到 90 亿日元（100 日元约合 7 元人民币），并建造了大米加工厂、选果场、选菜场、农机维修厂、蚕场等大型设施基地。

专业农业协同组合是以某一特定业务的经营为中心的农业协同组合，它与我国农村现在大量出现的农村专业经济协会类似。专业农业协同组合包括加工专业农业协同组合、养蚕专业农业协同组合、养牛专业农业协同组合、养鸡专业农业协同组合，等等。它和综合农业协同组合不同，它是根据各地实际情况设立的，什么品种生产集中，就设立什么样的专业农业协同组合。随着生产的发展和业务范围不断扩大，现在的专业农业协同组合已经不仅包括某一专门性生产（或养殖）活动，它还包括相应的生产资料的供应、产品的销售和农业生产技术指导等。根据《农业协同组合法》的规定，专业农业协同组合不能从事信用合作和保险业务。因此，从事特种产品生产的农户，为了调剂资金，发展生产，既要加入专业农业协同组合，又要加入综合农业协同组合。

2. 出资农业协同组合与非出资农业协同组合

按照农业协同组合成立时农户需不需要提供入股资金，基层农业协同组合可以分为出资农业协同组合与非出资农业协同组合。出资农业协同组合就是指必须以向农业协同组合提供一定数量的入股资金作为加入条件的农业协同组合。一般出资农业协同组合的规模较大，业务内容也比较广泛，拥有独立的办公设施。在经营状况较好的情况下，农业协同组合也可以按照农户入股资金的多少进行分红。

非出资农业协同组合是指参加成员（农民）在加入农业协同组合时不需要交纳入股资金。非出资农业协同组合因为没有入股资金，与出资农业协同组合相比一般规模较小，业务范围也仅限于一种或几种，所以也就很少有独立的办公机构，业务多半也只是集中在必要的时期收购特定作物或进行生产指导等活动上。非出资农业协同组合开展业务活动所需的经费主要从摊派费和手续费中支出。而且，因为非出资农业协同组合资金规模小，所以法律规定它不能办理储蓄和保险业务。一般来说，综合农业协同组合就其结成方式来看基本上是出资农业协同组合，专业农业协同组合有的是出资农业协同组合，有的是非出资农业协同组合。出资农业协同组合的数量要远远多于非出资农业协同组合。

二、县级农业协同组合联合会

县级农业协同组合联合会是农业协同组合组织系统中的都、道、府、县级机构（相当于我国的省），由基层农业协同组合入股组成，其主要职能是与基层农业协同组合对口开展业务，并对基层农业协同组合的业务给予指导和监管；农业协同组合的县级联合会机构设置与基层农业协同组合的业务保持对应关系，主要包括“县农业协同组合中央会”（简称“中央会”）、“县农业协同组合经济联合会”（简称“经济联”）、“县农业协同组合保险联合会”（简称“共济联”）、“县农业协同组合信用联合会”（简称“信用联”）、“县农业协同组合厚生联合会”（简称“厚生联”）以及各种专业农业协同组合的县级联合组织。从1998年10月起，许多都、道、府、县层次的专业联合会与全国层次的专业联合会合并，合并后的都、道、府、县层次的专业联合会改称为全国专业联合会某都（道、府、县）本部，如2001年4月与全国农业协同组合联合会合并的高知县经济农业协同组合联合会，改称为全国农业协同组合联合会高知县本部。

三、全国农业协同组合联合会

全国农业协同组合联合会由基层农业协同组合和县级联合会入股组成，它的机构设置与县级农业协同组合联合会保持对应关系，主要有全国农业协同组合中央会、全国农业协同组合联合会、全国农业协同组合保险联合会、全国农业协同组合厚生联合会、农林中央金库、全国农业协同组合新闻情报联合会及各种专业全国农业协同组合联合会。农业协同组合的全国性组织与县级联合组织在职能上的最大区别是，它可以打破县行政区划的界限开展活动。全国性农业协同组合联合组织作为全国农业生产者和农业协同组合组织的最高代表，一方面可以起到协调各县级农业协同组合组织之间合作经济的作用，同时作为农业协同组合的最高组织形式，还可以作为全国农业生产者代表参与国家农业政策的制定，承担着连接政府和农民的重要作用。

为了协调各种农业协同组合和各级农业协同组合之间的关

系，在县级和中央级都设立了农业协同组合中央会。中央会与其他联合会是平行组织，所需的经费由各联合会按事业量分担。联合会是开展专门业务的经济团体，而中央会是农业协同组合的行政机构，主要研究农业协同组合政策、检查监督农业协同组合工作、开展综合指导、举办教育宣传事业、协调农业协同组合内部的关系、统一农业协同组合主张，并向政府提出农业政策上的意见和建议。

第二节 日本农业协同组合的特点

日本农业协同组合是农民自己的组织，以维护农民利益、方便农民生产、改善农民生活、提高农民社会地位、发展农村经济为宗旨。自 1947 年创建以来，日本农业协同组合不断发展和完善，真正为农民办实事，使农民从中得到了实惠，因此，深受广大农民的信任。

日本的农业协同组合具有以下特点：

1. 自下而上，层层组建

如前面提到的，日本农业协同组合的分为三级：以市、町、村作为经济区域，农民入股而组成的称为基层农业协同组合；以都、道、府、县作为经济区域，基层农业协同组合入股组成的称为县级联合会；以全国作为经济区域，由基层农业协同组合和县级联合会入股组成的称为全国联合会。随着日本农业协同组合制度的发展，县级联合会正在逐步与基层农业协同组合或全国联合会的合并，日本农业协同组合也将由“基层——县——中央”三级组织体系逐步过渡为“基层——中央”两级。

2. 农业协同组合遍及全国，农民进退自由

凡是想利用农业协同组合事业，并愿意参加农业协同组合的

任何人，不论党派、政治立场、宗教信仰、经济状况都可以自由加入农业协同组合。成员如果想要退出农业协同组合，只要在事业年度前两个月提出申请，便可以自由退出，并退还全部股金。农业协同组合成员有正式成员和准成员之分。按照《农业协同组合法》规定，凡耕种一亩半以上的土地、一年间从事农业生产90天以上的农民，自愿向农业协同组合入股，利用农业协同组合事业都可成为所在地区农业协同组合的正式成员。准成员不一定是农民，但必须是住在当地农业协同组合管辖地区内，自愿向农业协同组合入股，利用农业协同组合事业。准成员有非农业户，也有事业团体单位。目前，日本99%以上的农户都参加了农业协同组合，这在世界上是罕见的。因此，农业协同组合作为代表全体农民的机构，对外部有着很大的影响力。

3. 实行民主管理

在日本，各级农业协同组合始终坚持民主管理的原则，定期召开成员代表大会，向会员报告组织的工作，听取会员的意见和要求，讨论和决议农业协同组合的重大事宜，从而使农业协同组合的工作比较符合农民的意愿，赢得了广大农民的信任。农业协同组合的干部实行选举制，职员实行雇佣制。无论是基层农业协同组合、县经济联合会，还是全国农业协同组合联合会的领导人，都是由农业协同组合成员民主选举产生的，不是农业协同组合成员是不能担任农业协同组合领导职务的。选举干部时，凡是正式成员均享有一票的权力，不受入股金额多少及加入农业协同组合时间长短的限制。县级和中央级联合会，原来也是一个会员拥有一票的权力，1970年改为按入股农业协同组合的业务大小和成员户数确定选举权和表决权的票数。

4. 不以营利为目的

日本农业协同组合在业务经营上，与农民不是买卖和讨价还价的关系，而是合作互助的关系。如农业协同组合为农民推销农副产品，供应农业生产资料，基本上是采取代理形式，农业协同组合只收取一定数量的手续费，手续费的比例是由成员代表大会讨论决定的。据统计，日本70%以上的基层农业协同组合经营生产资料的合作购买和农产品代销业务都是赔本的，主要是用经营保险、信用业务的盈余来补贴这方面的支出。同时，农业协同组合不经营有损于农民利益的业务。农业协同组合还利用自己的技术推广网络，无偿向农民推广农业科学技术。仅全国农业协同组合联合会每年用于“全农农业技术研究中心”的费用就达20亿日元。

5. 合理分配农业协同组合的盈利

在日本，一般的股份公司只要购买股票就可以成为股东，其经营目的是追求高利润。农业协同组合与股份公司不同，农业协同组合的利益与农户的利益联系在一起的。它的经营目的是改善成员的经济收入和生活水平。为此，本着发展农业协同组合事业、兼顾成员的利益、鼓励利用农业协同组合事业的原则，农业协同组合把股金分红额限制在一定的范围内，如基层农业协同组合的股金分红率限制在7%以内，县和中央联合会限制在8%以内。按规定，基层农业协同组合每年的纯利润主要用于四个方面：①25%作为发展农业协同组合事业的准备金；②10%作为农业协同组合的积累金；③7%作为股金分红；④45%作为成员利用农业协同组合事业的返还金。除以上四项外的多余部分(13%)，结转下年度分配。

6. 为农民提供全方位的服务

日本农业协同组合不是直接的农业生产组织，而是千方百计为农民提供最佳服务的群众性服务组织。日本农业协同组合开展的综合经营和合作服务，尽量做到“农民需要什么就经营什么，需要什么服务就提供什么服务”。基层农业协同组合无力进行的，就与县级或全国农业协同组合组织联合起来搞。日本农业协同组合为农民开展的服务是全方位的，包括信贷、购买、销售、农业仓库、加工、互助、医疗、宅地供给、接受农业经营委托、家畜诊疗、合作设施利用、婚礼会场、托儿所、共同炊事、税务咨询、简易邮递等，它几乎包括了与农村、农家相关生产和生活的方方面面。用日本流行的一句话说，农业协同组合的职能就是为农民提供从摇篮到坟墓的一切帮助。

7. 与政府的关系非常紧密

农业协同组合作为农村的合作经济体系，它的组织和业务发展一直都得到了政府的大力支持，同时，农业协同组合也在很多方面承担着执行政府的农业政策，保证各项农业政策贯彻落实的职能。比如以粮食管理制度为首的各种价格政策、补助金、低息资金等，几乎都是把农业协同组合作为农业政策的执行和落实机构。从大米流通方面来看，农业协同组合不仅承担了全国生产量90%以上的粮食统购统销的任务，在大米的贮藏方面还长期承担着国家粮食储备的重要工作。从20世纪60年代开始到现在，农业协同组合在减耕政策的执行、农村土地利用、农产品流通、农村合作合用、农村保险、医疗、教育、宣传等诸多的方面，起到了协助政府进行农业政策执行的关键作用。这也是政府支持农业协同组合业务、搞活农业协同组合经营的一个重要原因。当然，农业协同组合的这种职能主要是通过协助、指导等方式来发挥作用的，并不是强迫执行。

第三节 日本国内外各种各样的合作经济组织

日本农业协同组合归根结底是日本农业领域的合作组织，在日本的其他领域乃至世界各国，类似的合作组织都广泛存在。这些组织虽然名称不同，形式不同，职能不同，但有一点是相同的，那就是这些组织都是弱小的生产者和消费者为了维护自身利益而自愿结合的互助合作团体，它们主要分布在生产、加工、流通及消费等领域。下面介绍日本国内和国外的各种合作经济组织。

一、日本国内的其他合作经济组织

日本除了有农业协同组合以外，还有渔业协同组合、森林协同组合、生活协同组合，以及事业协同组合和信用协同组合等多种多样的合作经济组织。

1. 日本渔业协同组合(简称"渔协")

渔协是根据1948年12月日本政府颁布的《水产业协同组合法》,由日本渔民自愿结合的合作组织。该组织系统与农业协同组合一样,分为基层渔协、县级渔协联合会及全国渔协联合会三个层次。渔协主要是在渔业捕捞,水产品养殖、加工、销售,渔业生产资料的购买,渔业设施的共同利用,渔港、渔船的维护保养,渔业生产环境的改善以及金融、保险等方面为渔民提供服务,以提高渔民的生产和生活水平。

2. 日本森林协同组合(简称"森林组合")

森林组合是根据1948年5月日本政府颁布的《森林组合法》,由森林所有者自愿结合的合作团体。该组织系统与农业协同组合、渔协相同,由基层森林组合、县级森林组合联合会及全国森林组合联合会三个层次组成。森林组合主要在森林采伐,森林种植、维护,木材生产、加工、销售,林业机构等生产资料的购买,林业信贷,林业经营环境的改善，林道的保养以及林业共同设施的利用等方面为林农提供综合性服务。

3. 日本生活协同组合(简称“生协”)

生协是根据 1948 年 7 月 30 日日本政府颁布的《消费生活协同组合法》,由一般劳动群众和消费者自愿结合而成的。其组织系统也分为基层生协、县级生协联合会及全国生协联合会三个层次,主要在生活用品的流通领域为消费者提供服务。

4. 日本事业协同组合和信用协同组合

事业协同组合和信用协同组合是根据 1949 年 7 月 1 日日本政府颁布的《中小企业等协同组合法》,由中小工商业者自愿结成的合作组织。事业协同组合以管理利用共同设施为目的,为组合成员提供生产、加工、购买、运输、保管等的共同设施。信用协同组合为组合内部的中小企业提供存款、资金借贷等便利金融服务。

可以看出,农业协同组合以外的各类合作组织尽管成立的时间不同,事业内容不同,成员规模不同,但是它们的基本性质和宗旨都一样,那就是在自愿基础上,把那些在市场经济条件下处于弱势的中小生产者和消费者组织起来,通过互助合作的方式,推动生产的发展,提高成员的生活水平。

二、其他国家的农业合作组织

农业协同组合不是日本所特有的,很多国家也有农业合作组织,并且在本国的农业生产中扮演着重要角色。

1. 英国的农业合作社

英国的合作社已有 160 多年的历史,是合作社的发源地之一。英国的农业合作社以农民和农业工人为社员,主要从事物资采购、农产品加工、销售以及昂贵设施(如储藏设施、运输设施)的合作使用等。这类合作社具有多种形式,通常被称为“农民企业”。类似的合作社还有渔业合作社和林业合作社。农业合作社的最高组织机构是英国农业合作社联盟有限公司。农业合作社通过生产者联合,扩大规模，从而使农民在产品销售和农资购买中得到实惠。2004年,英国已有各种农业合作社500多个。

2. 德国的农业合作社

德国也是合作组织最早诞生的国家之一。德国的农业合作社系统分为三级,即基层合作社、区域性的合作社和中央的最高合作社。基层合作社由农场和农民个人组成,区域性的合作社由若干个基层社组成,中央社是全德国地方社的集合。各级合作社都具有独立的法人地位,领导人由选举产生,各级间不是隶属关系,而是服务关系。合作社的主要职能是维护好农民利益,为农民当法律和技术顾问,为农民开拓市场提供服务,对农民进行职业教育培训,等等。德国的农业合作社主要是信用合作社,其次是供销合作社和牛奶合作社。在生产领域还有机器协作社、机器合作社、生产者协会、生产者共同体等。1997年,牛奶合作社、水果和蔬菜合作社、葡萄合作社、牲畜和肉类合作社分别达到了502个、146个、282个、135个。到了1998年,信贷合作社达到了566个,占到了农村合作社的13.4%。日本的农业协同组合制度是从德国借鉴过来的,因此与德国的农业合作社非常相似。

3. 法国的农业合作社

法国的合作社同样具有悠久的历史。早在1848年,法国就建立起360个合作社,其中一半是农业合作社。农业合作社是法国农业生产体系最基本的组织形式，在法国农村经济中占有举足轻重的地位。法国农业合作社的主要形式是流通领域合作社。具体来说,主要包括农业生产前阶段(如供应农用生产资料、种子、饲料、幼畜雏禽以及人工配种、生产设计、农田建设等)和农业生产后阶段(如运输、加工、仓储、销售、烘干、冷冻、出口等)的合作社。此外,农业合作社还对农场改善管理,发展生产,改良品种、规格和质量进行技术援助。2004年,法国共有农业合作社6500余个,入社社员130万人,法国90%的农民加入了农业合作社。在法国的农产品市场流通领域,农业合作社占有较大的市场份额,其中75%的粮油、60%的餐用葡萄酒、50%的鲜奶是由合作社收购的,61%羊奶奶酪、38%的牛肉、89%的猪肉、49%的羊肉是由合作社生产的,45%的谷物、80%的鲜果、40%的家禽是通过合作社出口的。

4. 美国的农业协会

美国农业协会始建于19世纪后期,但其发展迅速、种类繁多。在美国,农业协会的主要职能是为农业生产者提供各种不同的分类公共服务,比如,沟通政府关系、信息咨询、法律维权、制定产品标准、协调关系、限产护价、争取政策支持、市场销售、集体定价、技术咨询,等等。美国有超过80%的农民根据自己的实际需要自发组织和自愿参加这些不同的农业协会,而且政府也从法律上鼓励农民参加各类农业协会,比如 参加协会的农民可以优先得到更多的补贴。

美国的农业协会五花八门,美国新奇士橙种植者协会、马铃薯协会、加州杏仁协会、棉花协会、森林协会、肉类出口协会等都是有世界级影响的。这些协会基本都是以某一种或某一类农产品为经营范围,属于专业农业协同组合。它们主要提供产后销售服务,同时也提供产前、产中服务。

以新奇士橙种植者协会为例,它是1893年由加州100个果农组成的联合会,如今已发展成拥有超过6500个果农家族的果农业协同组合会,全方位地为果农提供产前、产中、产后服务。"新奇士"是一个统一的商标,所有成员产的水果都用统一的"新奇士"商标。作为协会,对内,他们为果农提供各种技术服务;对外,他们代表果农向全球市场推广产品。协会的代表常年奔波于世界各地,将各地的价格及时反馈给协会,从而制定统一价格,避免恶性竞争。而果农地里的每一棵果树的成熟期,都被输入协会的电脑,从而使产量均匀地分布在各个时期，以防市场波动较大，果贱伤农。协会的资金主要靠果农资助，如马铃薯协会的资金来源是作为会员的马铃薯种植户的赞助，他们每出售 100 磅(1 磅约等于 9 两)马铃薯，要向协会缴纳两美分(约合人民币 1 角 6 分)作为活动基金，这笔钱主要用作市场推广和技术服务。政府不直接干预协会的活动，一般只从法律方面给予扶持，如美国政府每年将巨额的农业补贴发放给各种农业协会。

5. 韩国的农业合作组织

韩国农业协同组合成立于 1961 年。在过去的 40 余年中，韩国农业协同组合通过开展各种业务，如销售和供给业务、银行贷款业务、保险业务和咨询服务等，支持农业和农村的建设。韩国农业协同组合经过几十年的运作，已成为农村经济和社会发展的支柱。2000 年 7 月 1 日，原韩国农业合作组织、韩国家畜协会联盟和韩国人参协会联盟合并形成新的韩国农业协同组合。韩国农业合作组织与日本农业合作组织相似，也是按行政系统分为三级，共有职工 7 万人。基层农业协同组合以综合农业协同组合为主体，开展销售、购买、信贷及其他业务。98%的韩国农业合作组织开设连锁店，向农户及消费者提供生活用品；在合作销售业务中，通过农业合作组织销售的大米占全国大米的 84%。韩国农业协同组合联合会的银行部门已是韩国最大的金融机构。

可见，农业合作组织绝非仅在日本一个国家存在，它已遍布世界各国。农业协同组合组织不仅为提高本国农民的经济地位和社会地位进行着卓有成效的工作，同时农业协同组合组织之间的国际合作和交流也日益广泛。

为加强各国合作经济组织之间的横向联系，协调各国合作经济的交流，促进国际合作经济事业的发展。早在 1895 年，国际合作社联盟就已宣告成立。当年只有 14 个会员国的国际合作社联盟，随着合作经济组织的不断发展,到1997年,其会员国已达92个,成员人数达7.79亿人,成为仅次于联合国的最大国际民间机构。国际合作社联盟不分社会制度、宗教信仰和政治倾向,以相互协作为理念,以民主平等为基础,为成员及全社会服务,对发展各成员国之间的经济合作和对外贸易发挥着日益重要的作用。

日本于1921年首次参加国际合作社第十届代表大会,1923年被正式接纳为会员国;1940年因发动侵略战争,被迫退出该组织;1951年又恢复了国际合作社会员国地位。目前,日本为国际合作社执行委员国、亚太地区协议会主要成员,在国际合作社联盟中发挥着重要作用。

第三章　日本农业协同组合的组织结构和业务

俗话说，没有规矩不成方圆。尽管说日本农业协同组合是在农民自愿的基础上，自发组成的合作经济组织，但是对于各级农业协同组合的组织和规章制度，《农业协同组合法》都有明确的规定。它的成立和各项事业的开展，必须严格遵守《农业协同组合法》的规定。

第一节　农业协同组合的设立

农业协同组合的设立不是无条件的、随意的，而是必须满足一定的客观标准并履行一定的法律程序。

一、设立的条件

设立农业协同组合的基本条件有三点：成员的资格条件；成员的最低人数条件；必须满足有关农业协同组合章程制度的规定。

1. 农业协同组合成员的资格

农业协同组合是农民自发形成的合作经济组织，农业协同组合成员的最基本条件就是必须是农民。

在日本，根据家庭经营规模的不同，农民的条件必须满足以下两项：①生产性土地面积必须在一亩半以上；②拥有一头以上耕牛。如果达不到这些条件，即使是生活在农村，同样从事着农产品的生产也不能算作是农民。

按照日本《农业协同组合法》的规定，农业协同组合正式成员必须是农民。但是，《农业协同组合法》对于作为正式成员的农民所拥有的耕地面积，以及每年参加农业生产的时间并没有作出详细规定。但是，各个农业协同组合会根据当地的实际情况，在本农业协同组合的章程中会作出明确的规定。一般情况下，日本农业协同组合的正式成员应具备如下资格：①拥有一亩半以上的耕地；②每年有 90 天以上（含 90 天）的时间从事农业生产的农民或从事农业经营（如农机、农产品加工、农业设施、农产品流通）的农事法人；③在农村社区拥有长期稳定的住所。

20 世纪 70 年代以来，随着农村城市化的迅速发展，为了得到农村社区内所有生活者对合作经济活动的理解和支持，农业协同组合在吸收成员时，实际上是采用了两套标准和两种资格并用的方法。即对达到上面所说的农民条件的个人或者团体，可以成为农业协同组合的正式成员；对于达不到上面所说的标准，但是又愿意参加农业协同组合合作活动的，可以成为农业协同组合的“准成员”或“非正式成员”。按照《农业协同组合法》规定，“准成员”只有参加农业协同组合各项合作活动的权利，没有选举权和被选举权。

2. 农业协同组合的最低人数条件

根据日本《农业协同组合法》的规定，创建农业协同组合时的最低人数必须在 15 人以上（包括 15 人）。规定人数下限是因为农业协同组合作为一个区域性的合作经济组织，必须保证其组织活动应在尽可能大的范围内、代表本地区更多的农民的利益。如果下限规定太低，就会带来合作经济组织规模太小，过于分散的问题。如果规定的太高又会造成农业协同组合创立难度大，不利于合作组织的形成。农业协同组合创立时的最低人数条件究竟以多少为宜，还是应该以当地的实际情况来决定，即当地的农村社会经济条件和生产结构水平等。

3. 农业协同组合章程的制定

按照日本《农业协同组合法》的规定，农业协同组合在设置的时候，必须明确填报以下内容。

(1) 农业协同组合的名称。农业协同组合名称的习惯表示方法是：地名（市、町、村）加农业协同组合名。比如所在地的名称为张村，农业协同组合的名称可定为“张村农业协同组合”。近年来，由于农业协同组合之间的组织合并和结构调整，一些合作经济组织实际上已超越了行政区域的界线，对于这些跨越几个地区的农业协同组合，新的名称表示方法是用日本农业协同组合的英文缩写 JA 两个字母加上地区范围的名称。如“JA埼玉东部”则表示该组织是埼玉县东部地区的大规模农业协同组合。

(2) 合作活动的内容。《农业协同组合法》对农业协同组合可以开展的业务范围作了明确规定。因此，农业协同组合制定的章程中的业务内容不能超过《农业协同组合法》规定的基本范围，如果章程中的业务范围超越了《农业协同组合法》的法定范围的话，会因与法律相抵触，而被认定为无效。

(3) 合作活动的地域范围。一般来说，农业协同组合的名称一旦确定，合作经济活动的范围（包括农业协同组合成员的范围）也就随之相应地被确定下来了。如“张村农业协同组合”的活动范围就是张村，农业协同组合的成员也就被限定为是张村的农民，近邻的李村农民则不能加入“张村农业协同组合”。但如果李村农民在张村拥有自己的土地的话，则有资格申请加入张村农业协同组合。

(4) 农业协同组合的办公地点。按照《农业协同组合法》的规定，农业协同组合的办公地点必须是在该农业协同组合所开展合作活动的地域范围之内。从某种意义上讲，农业协同组合的办公地点、所在地、合作活动范围应该是一致的。

(5) “正式成员”和“准成员”的条件及加入、退出农业协同组合的手续。农业协同组合设立时必须明确说明“正式成员”和“准成员”的加入条件。根据农业协同组合运营上的实际需要，对加入和退出该组织的基本手续和方法也应给予明确说明。

(6) 入股金额和成员每人所持股金的上限的规定。为了防止少数人通过入股控制农业协同组合，农业协同组合对入股资金的标准和每个成员最多可持有的入股资金上限也必须进行明确的规定。特别是对出资农业协同组合来讲，这不仅是保证其独立性的一个重要前提，它还体现了每个农业协同组合成员对农业协同组合经济活动平等的参与权。

农业协同组合章程中，除了以上基本内容的规定外，还要围绕它的合作经济业务和组织管理方式，对以下内容作出明确的规定。

(7) 如何支付开展各种合作活动的费用。

(8) 分红的方法和亏损时的处理方法。

(9) 自有资金的来源和增值方法。

(10) 管理人员的数量、职务的设定及任免方法。

(11) 农业协同组合的会计。

(12) 农业协同组合经营结果的公告方法。

以上 12 个项目构成了农业协同组合章程的基本条款。按照《农业协同组合法》的规定，其中若缺一项，则整个章程无效。

对于从事农村信贷、保险、房地产经营等业务的农业协同组合，其章程中除了以上 12 项之外，还必须参照其他有关的法律制度，制定相应的专门性的业务规程。这些业务规程在内容上不得与有关的法律法规相抵触。这些法律法规主要包括政府发布的农业协同组合信贷规章制度、农村保险规章制度、土地利用规章制度、农业经营规章制度等。

二、农业协同组合设立的程序

1. 设立农业协同组合的准备工作

有 15 个以上成员作为正式发起人就可以进入农业协同组合设立的准备阶段。准备阶段主要有两项工作：①向社会公告成立农业协同组合的计划；②组建一个专门的筹备委员会。

公告农业协同组合成立的方法是，由发起人联名采用公开张贴告示的方式向社会告知准备成立农业协同组合的基本意向。告示的内容可基本上与上述农业协同组合章程相似，但不必很详细。一般只要把农业协同组合的经营项目、管理范围、成员的加入申请手续、出资（入股）的规定、主要负责人名单等内容告知于众即可。

筹备委员会的主要工作是负责农业协同组合章程的起草。筹备委员会的成员应从申请加入农业协同组合的农民当中产生，对于筹备委员会的人数多少一般都没有限制。章程起草工作完成之后，筹备委员会便可选择适当的时候，宣布召开农业协同组合成立大会。

2. 农业协同组合的成立

上述准备工作完成以后，农业协同组合要召开第一次全体成员大会，即农业协同组合成立大会。准成员没有资格参加农业协同组合全体成员大会。农业协同组合第一次全体成员大会召开前的两周以内，筹备委员会必须再次向社会发布公告，公布农业协同组合章程的草案以及成立大会召开的时间和地点。

农业协同组合第一次全体成员大会将主要讨论和审议由筹备委员会提交的农业协同组合章程和经营计划，选举第一届农业协同组合的领导班子。大会形成的决议和讨论结果，都必须在半数以上正式会员出席，并有到会 2/3 成员同意的情况下才能有效。

第一次农业协同组合全体成员大会后，被选出来的农业协同组合理事将开始征收入股资金，并在有关政府机关，即工商、税务等部门办理法人登记手续。以上手续全部完成之后，农业协同组合就算正式成立了。

第二节 农业协同组合的组织成员

一、农业协同组合成员

1. 成员的分类

农业协同组合成员是构成农业协同组合的基本单位。在日本农业协同组合中，按照各农业协同组合制定的资格标准，可以将农业协同组合的成员分为正式成员和准成员两种。有的成员是以个人的名义加入农业协同组合的，有的是以团体或集体的名义加入的，如某个农产品加工公司或销售公司以公司的名义加入农业协同组合，因此，农业协同组合的成员又可以分为个人成员和团体成员。

2. 成员的权利和义务

日本农业协同组合有一句非常有名的口号，叫“一人为了一万人，一万人又为了一人”。这很容易理解，“一人”代表的是农业协同组合的每个成员，“一万人”代表的是农业协同组合这个集体。也就是说，农业协同组合是为成员服务的，作为农业协同组合的成员，有权利享受农业协同组合带来的各项权利和福利；同时，又不能白白享受权利，还需要按照组织的规定，承担一定的义务。

《农业协同组合法》明确规定了成员的权利和义务。

农业协同组合成员拥有的权利包括：

(1) 正式成员在成员全体大会上有一人一票的表决权；

(2) 正式成员在选举农业协同组合干部及选举农业协同组合代表大会代表时，有一人一票的选举权和被选举权；

(3) 在征得1/5以上正式成员同意后，有权要求召开成员临时大会；

(4)在征得1/5以上正式成员同意后,有权要求改选农业协同组合的干部；

(5) 在征得1/10以上正式成员同意后，有权要求行政部门对农业协同组合进行检查；

(6) 成员有权根据全体大会决定，要求并取得分红；

(7) 成员有权利用农业协同组合开展各项事业。

农业协同组合成员在享有权利的同时，需要承担一定的义务，如：

(1) 遵守农业协同组合章程和农业协同组合代表大会决议；

(2) 出资农业协同组合的成员必须认一股以上资金，并交纳股金；

(3) 遵守农业协同组合代表大会决议，交纳规定的相关经费。

另外，农业协同组合中正式成员与准成员或非正式成员享有的权利是有区别的。正式成员在农业协同组合组织中有表决权、选举权和被选举权，在遵守农业协同组合章程规定的前提下，可以无条件地利用农业协同组合的任何事业。但是，准成员没有选举权和被选举权，他们只有参加农业协同组合各项活动的权利，而无权参与农业协同组合的内部管理与经营。

在过去，为了避免因为农户家庭人口的多少而造成的表决不公平，农业协同组合正式成员的表决权一直采用“一户一票”制，即每个农户不论人口多少，都只有一票表决权。但是近年来，随着农业协同组合内部结构的变化，农业协同组合包括的事业和活动也丰富起来，越来越多的妇女开始参与农业协同组合活动，许多农业协同组合开始由“一户一票”制改为“一户多票”制，也就是“一人一票”制。到1997年，采用“一户多票”制的综合农业协同组合已经占到综合农业协同组合的绝大多数。

在日本，一个值得关注的现象是，农业协同组合的成员构成正在发生结构性变化。尽管到1997年，日本综合农业协同组合中的正式成员（含个人和团体）仍然比准成员多，但是，由于近年来日本农村城市化和混居化的进展迅速，部分农户放弃农业经营进城务工，使农户数量逐年减少；同时，部分城市人口移居农村，农村非农户逐年增加。因此，农业协同组合正式成员的数量和比重正逐年下降，而准成员数量和比重逐年上升。上述现象在城市近郊比较明显，一些城市地区的综合农业协同组合中的准成员数量已经超过了正式成员。所以，日本农业协同组合也在根据准成员数量逐渐增加的情况，不断调整它的规章制度和事业内容。

二、农事组合法人

农事组合法人在日本是指具有法人资格的农业合作团体。根据1962年修改的《农业协同组合法》规定，农事组合法人具有农业协同组合的正式成员资格。因此，它也是基层农业协同组合的重要组成部分。

按照参与农业协同组合合作活动领域的不同，农事组合法人可以分为三种类型：①经营农业共同利用设施的“1号法人”；②专门经营农业的“2号法人”；③两者兼作的“1、2号法人”。

1997年，日本农业协同组合共有农事组合法人6739个，其中，1号法人和1、2号法人的数量居多。

农事组合法人由多数农户组成，每个法人拥有农户数不等。其中，10人以下的小规模的农事组合法人占绝大多数。这些农事组合法人绝大部分都加入了综合农业协同组合，是综合农业协同组合的成员。也有少数加入专业农业协同组合，或既加入综合农业协同组合又加入专业农业协同组合。日本农业协同组合是允许农户或团体根据自身生产的需要，同时加入综合农业协同组合和专业农业协同组合的。

农事组合法人自20世纪60年代《农业协同组合法》修改后设立以来，在20世纪70年代获得较快发展。1970年~1997年，日本农事组合法人的数目翻了一番，农事组合法人成为农业生产中的骨干力量。但是由于农事组合法人的经营规模一般较小，经营基础薄弱，经营效益低下，部分农事组合法人的经营难以维持。1995年以后，农事组合法人数量开始减少。日本农林水产省1996年对农事组合法人的上述调查表明，在接受调查的2014个农事组合法人中，赢利的农事组合法人不到一半，也就是说有将近一半的农事组合法人出现了亏损。可见，农事组合法人的经营状况并没有人们当初想象得那样好。如何改善农事组合法人的经营环境，提高农事组合法人的经营效益，发挥农事组合法人在农业生产中的作用，是今后日本农业协同组合面临的一个重要问题。

三、成员小组

在成员与基层农业协同组合之间，还结成了很多生产、生活及社会活动小组，平均每个小组有20~25户不等的成员组成。在日本，这样的小组也被称为成员组织。这些小组的结成方式也是多种多样的，有的是按自然村结成的，有的是按生产方式和作物种类结成的，也有按年龄、性别结成的，还有按从事活动的领域结成的。它们与农业协同组合的成员关系非常密切。

自然村组织是每个自然村的农业协同组合成员结成的群众组织。自然村组织遍及日本的每个自然村，其职能是组织本村农业协同组合成员的生产、生活活动，组织农业协同组合成员开展生产指导、技术交流、选举代表等，是基层农业协同组合的重要组成部分。1997 年，日本农业协同组合的自然村组织数为 189545 个，平均每个基层农业协同组合包括 100 多个自然村组织，每个自然村组织又由 25 家农户组成。

另外，成员按照生产方式和作物种类的不同，自主结合成各种生产小组，如“蔬菜生产小组”、“果树生产小组”、“养牛生产小组”、“育苗生产小组”，等等。这些生产小组的职能是组织生产者之间进行交流，普及生产技术，提高农产品质量，统一农产品规格，组织农产品销售，提供有关农产品的信息，推广新品种，促进生产提高等。这种组织由于是按生产方式或作物种类结合的，并非每个自然村都有。各种生产小组与组合成员的生产关系紧密，在日本农业协同组合生产中具有重要作用。1997 年，日本农业协同组合共有各种生产小组 27436 个，平均每个农业协同组合 13 个。其中耕种小组有 4849 个，平均每个农业协同组合 4 个；蔬菜小组 9182 个，平均每个农业协同组合 5.3 个；养牛小组 2925 个，平均每个农业协同组合 2.4 个；养猪小组 695 个，平均每个农业协同组合 1.3 个；果树小组 3639 个，平均每个农业协同组合 3.3 个；花卉小组 2005 个，平均每个农业协同组合 1.9 个；食用菌小组 907 个，平均每个农业协同组合 1.5 个。

妇青组织是农业协同组合的另一种重要的小组形式。它是由成员中的妇女和青年结成的组织，前者称之为“妇女部”，后者称之为“青年部”。女性部和青年部设置在每个基层农业协同组合下，而县级农业协同组合联合会及全国农业协同组合联合会均设有妇女联合会和青年联合会，以指导农业协同组合的妇青活动。妇女部主要开展生活方面的指导、服务活动，如营养、保健、医疗、卫生、社会福利等。青年部一般由 25 岁 ~ 39 岁的青壮年组成，除开展各种文娱、体育、旅游活动之外，更多的是根据当前农业生产的需要，组织各种生产座谈和经验技术交流活动。同时也开展一些农政方面的活动，向基层农业协同组合反映农业协同组合成员的意见和呼声。到 1997 年，绝大多数综合农业协同组合设置了妇女部，一半以上的综合农业协同组合设立了青年部。

此外，在农户与基层农业协同组合之间还设置了很多与农业协同组合事业有关的各类辅助性组织，如文体之友会、保险之友会、退休金之友会、生活之友会等。其主要职能是通过开展旅游、文体、座谈、交流活动，丰富成员的业余生活，提高成员的生活质量。

上述成员组织都是由成员自愿、自发结成的经常性组织，《农业协同组合法》中并没有统一的管理制度和法律约束。他们的活动经费由成员的会费或农户的税金支付，小组的负责人也都是由成员自己担任。

近年来，在所有的成员组织当中，除蔬菜小组的数量有所增加外，其余各类组织都出现了减少的趋势。这一方面是由于农业产业结构调整，部分农产品生产规模有缩小趋势；另一个方面是由于农业协同组合不断合并，农业协同组合数量减少造成的。但是，应该指出的是，有的成员组织从数量上虽有减少，规模上却有所扩大。

这些活跃在农户与农业协同组合之间的小组，搭起了农业协同组合与农户沟通的桥梁。它们作为农业协同组合与农户之间的中间组织，在贯彻农业协同组合方针、指导农户生产和生活、提高农户生活质量、反映农户意见和要求等方面发挥着桥梁和纽带作用。随着农业协同组合的合并和农业协同组合规模的扩大，成员组织作为农业协同组合与农户的中间环节，在今后将显得更加重要。

第三节 农业协同组合的组织结构和制度

了解了农业协同组合的成员组成，接下来再从整体上介绍一下日本基层农业协同组合的组织机构。下面以爱知县安城市农业协同组合的组织结构图为例，对综合农业协同组合的组织分工进行说明。

爱知县安城市农业协同组合位于爱知县中部，距名古屋市约20公里。1963年，爱知县安城市农业协同组合由现在辖区内的20个小规模农业协同组合合并组建而成。1995年，爱知县安城市农业协同组合共有6731个正式成员，5913个准成员，另外还有515名工作人员。

从整体上看，爱知县安城市农业协同组合的组织机构可以分为领导机构、业务部门和合作小组三部分。

一、农业协同组合的领导机构

爱知县安城市农业协同组合的领导机构由全体成员大会、理事会、监事会三部分组成。

（一）全体成员大会

1. 什么是全体成员大会

全体成员大会简称“总会”，是农业协同组合全体正式成员

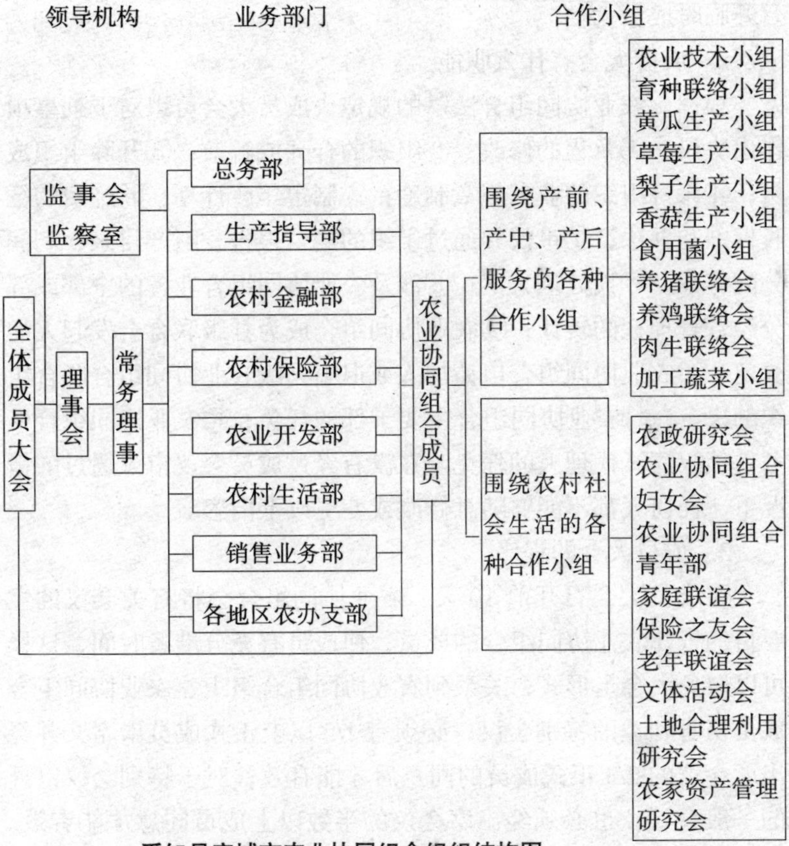

爱知县安城市农业协同组合组织结构图

参加的全员会议。它是农业协同组合正式成员充分行使自己的民主权利，决定农业协同组合各项方针和重大事项的最高权力机构。成员大会每年举行一次。成员大会审议并通过上一年度的工作报告以及下一年度的工作计划。成员大会决定的事项，将作为下一年度的工作重点，由理事会和监事会负责监督执行。同时，当监事发现农业协同组合经营活动中出现重大问题，需要提请成员大会审议时，理事会可以在征得 1/5 正式成员同意的情况下，召开临时成员大会。

2. 成员大会有什么职能

根据《农业协同组合法》的规定，成员大会可以对下列事项作出决议：①章程的修改；②组织的合并或解散；③开除组织成员；④修订组织的业务规章制度；⑤制定年度计划；⑥经费的征收标准和办法；⑦审议并通过组织的经营报告、财产目录、利润分配方案及亏损处理方案；⑧涉及农业协同组合业务的全部或部分经营管理权的转让；⑨农业协同组合成为县级联合会发起人的决定；⑩农业协同组合申请加入或退出县级农业协同组合联合组织的决定；⑪农业协同组合主要干部的任免；⑫农业协同组合债务、债权清算代理人的任免。在没有经过成员会议审议通过的情况下，任何人都不能够随意修改或变更以上内容。

3. 成员大会的程序

在成员大会召开前10天，农业协同组合会将有关会议的主要目的告知农业协同组合的成员，使成员有充分准备时间，这样可以避免大会走形式；关系到农业协同组合组织、农业协同组合成员切身利益的特别会议，必须有1/2以上正式成员出席，并经出席会议的2/3正式成员的同意后才能有效；对于特别会议以外的一般会议，也必须经出席会议的半数以上成员同意才能有效。另外，如果成员因故不能出席成员大会时，可委托代理人代替本人表决，或者以书面形式就农业协同组合事先通知的有关事项予以表决。当赞成的票数与反对的票数相等时，将由议长作出最终表决。

近年来，随着农业协同组合的合并，农业协同组合规模不断扩大，成员人数不断增加，召开成员全体大会越来越困难。因此，《农业协同组合法》规定，正式成员人数超过500人的农业协同组合，可以设置成员代表大会制度，以代替成员大会行使职权。作为成员代表大会的代表，其人数必须占正式成员总数1/5以上。如正式成员1000人的农业协同组合，出席成员代表大会的代表必须保证在200名以上。代表按成员代表大会选派程序由所在地选举产生，任期一般不得超过3年；成员代表大会的权限及运营程序与成员大会基本相同。但不同之处在于，成员代表大会本身没有选举权，也不能就农业协同组合解散及合并进行表决；有关上述重要事项，必须在成员代表大会通过后，再由全体正式成员投票表决。这样规定的目的在于最大限度地发挥成员的民主权利。

(二) 理事会

1. 什么是理事

理事，就是负责处理农业协同组合各项事务的人，是农业协同组合的主要干部，他是由农业协同组合的正式成员在成员大会上通过无记名投票的方式选举产生的，代表农业协同组合决定和管理各种业务。理事的任期一般为3年。

为了保证理事能够真正代表广大农户的利益，农业协同组合对理事也有严格的要求。比如在农业协同组合的理事会中，至少3/4的理事必须来自农民，至少2/3的理事必须为正式成员；理事不得经营或从事与农业协同组合业务有实质性竞争关系的事业；不能兼任监事及农业协同组合的职员；必须忠实农业协同组合的合作事业，并精通农业协同组合的经营管理业务，等等。

2. 理事有哪些权利

理事的权利包括代表权和执行权两部分。代表权是对外的，是按照农业协同组合的章程和规定，代表农业协同组合行使对外经济交往和合作的权利；执行权是对内的，是对农业协同组合各种日常业务的管理和决策权。理事们在行使权力的同时，也要承担相应的责任。理事在行使职务过程中，如果因为故意、过失或不慎而造成的经济损失，理事本人应该承担全部责任。

3. 理事会的组成和职能

理事会由全体理事组成，一般在5人以上。理事会设一名理事长（也称为“组合长”）、一名常务理事和一名专务理事。理事长由理事会选举产生，是农业协同组合的法人代表，代表农业协同组合行使成员大会赋予的各种权力。常务理事和专务理事也各有明确分工，理事长不在时，其他理事可以代替理事长行使职权。

理事会是农业协同组合的常设领导机构，其职能是按照农业协同组合成员大会的决议，制定并实施农业协同组合的各项具体方针，使农业协同组合的各项事业能够顺利运行。农业协同组合的重大问题均由理事会决定，理事会通过的各项决议由主管理事具体实施。

（三）监事会

1. 什么是监事

与理事相对应，监事就是监督和检查理事处理好农业协同组合的各项事务的人，他也是农业协同组合的干部，由成员大会中的正式成员无记名投票选举产生，任期一般为3年。

日本农业协同组合对监事的资格也有明确的要求，如每个农业协同组合必须设两名以上的监事；监事不得经营和从事与农业协同组合业务有实质性竞争关系的事业，等等。同理事一样，监事也是农业协同组合聘用的管理干部，如果在行使职务过程中，由于故意、过失或不慎而造成经济损失，监事本人将承担全部责任。

2. 监事会的职能

监事会是农业协同组合正常运营和健康发展的重要保障，它的职能可以概括为：对农业协同组合的财产状况和理事会的业务执行情况及各项业务报告进行监督和检查。发现问题时，及时向成员大会或上级部门报告，必要的情况下，可以召开全体成员大会或理事会。

此外，《农业协同组合法》还赋予监事一些特殊职能。如农业协同组合在签署干部的任用合同时，监事代表农业协同组合一方；当农业协同组合与理事发生法律纠纷时，监事也代表农业协同组合一方；农业协同组合在无人履行理事职责时，或理事在无正当理由情况下不召集成员大会时，监事可履行理事的职责，并可召集成员大会。

二、业务部门

由于每个综合农业协同组合的情况不同，因此它们的机构设置也不完全一样。但从综合农业协同组合开展的业务范围来说，它们的机构设置又非常相似。以爱知县安城市农业协同组合为例，它有七个部门，分别是总务部、生产指导部、农村金融部、农村保险部、农业开发部、农村生活部和销售业务部。这种部门的设置与县级农业协同组合联合会和全国农业协同组合联合会基本上是一一对应的。

爱知县安城市农业协同组合的总务部主要负责农业协同组合计划的宣传、农业协同组合内部干部和其他工作人员的人事安排、农业协同组合财物的管理等事务。通过对成员的宣传，使成员了解农业协同组合的发展方向和重点，有针对性地进行农业生产。

在日本的很多综合农业协同组合中，往往将生产指导部、销售业务部等部门合称为营农指导部。主要面向成员开展农产品的销售、流通业务，该部门下设仓库、选果场、农产品集散地以及农机站、作业所等，向农户提供各类生产流通服务。综合农业协同组合的营农部门与县级农业协同组合经济联合会以及全国农业协同组合联合会保持对口业务关系，并接受其业务上的指导和监管。

农村金融部主要向成员开展存款业务、贷款业务及各种资金运用业务和相关金融知识的普及，通过农业协同组合区域内的金融网点及营业所提供各类金融服务。综合农业协同组合的金融部门与县级农业协同组合信用联合会及农林中央金库，保持对口业务关系，并接受其业务上的指导和监管。

农村保险部主要向成员提供保险服务，并对成员普及保险知识。它与县农业协同组合保险联合会和全国农业协同组合保险联合会保持对口业务关系，并接受其业务上的指导和监管。

农村生活部主要是向成员开展购物、医疗、保健、文体、福利、卫生等方面的服务业务。在日本，一些综合农业协同组合的生活服务几乎覆盖了农村生活的方方面面，它通常下设商店、医院、加油站、康复中心、婚姻介绍所、殡仪馆等生活设施，满足成员全方位的生活需求。该部门与县级农业协同组合厚生联合会及全国农业协同组合厚生联合会保持业务对口关系，并接受其业务上的指导和监管。

要注意的是，农业协同组合的职能部门由部长负责。部内设有科室，各科室均由课（室）长负责；各科室下设系，各系有系长负责；系下设主任职员及一般职员。由部长到一般职员均属于农业协同组合职员，而不是农业协同组合干部。

三、各种合作小组

如前面提到过的，在基层农业协同组合与农业协同组合成员之间，农业协同组合成员还自愿结成了很多合作小组，农户们通过这些合作小组，直接参加各种合作活动。在爱知县安城市农业协同组合中，按照职能的不同，可以将这些合作小组分为围绕产前、产中、产后服务的合作小组和围绕农村社会生活的合作小组。他们与爱知县安城市农业协同组合的农户的关系非常密切。

（一）围绕产前、产中、产后服务的合作小组

围绕产前、产中、产后服务的合作小组又可以分为围绕农业生产服务的合作小组和围绕产前产后服务的合作小组。

1. 围绕农业生产服务的合作小组

围绕农业生产服务的合作小组，是农业合作组织体系中的最小合作单位，是指同一农业协同组合中从事某种相同的农作物生产的一部分农户之间，在自愿的基础上形成的一种自发的联合组织。如爱知县安城市农业协同组合成员自发组建的黄瓜生产小组、草莓生产小组、梨子生产小组、香菇生产小组、食用菌小组、西红柿小组、养猪联络会、养鸡联络会、肉牛联络会等合作小组。因为这些合作小组都是生产同一种农产品的农户构成的，在农业协同组合的指导和帮助下，通过开展生产者之间的交流和合作，一方面，农户们有好的经验可以相互学习；另一方面，遇到难题可以一起出主意。因此，各种生产合作小组的组建，对于农业技术的提高和普及，提高农产品的质量，统一农产品规格等方面发挥了非常重要的作用。

2. 围绕产前产后服务的合作小组

如爱知县安城市农业协同组合中的农业技术小组、育种联络小组和加工蔬菜小组等，都属于围绕产前产后服务的合作小组。当然，在日本，这种围绕产前产后服务的合作小组的种类和服务内容还有很多。如农民组成的机耕队、植保服务队、生产承包服务队以及以农民自愿参加为基础的农产品统一收购、计划上市等。这些多种形式的生产、流通合作活动，在农业协同组合的统一指导和协调下，有利于克服一家一户小生产的盲目性，避免出现农产品生产出来卖不出去的情况，使农户的收入得到了保证。

（二）围绕农村社会生活的合作小组

在综合农业协同组合中，除了以生产活动为中心的合作小组之外，还存在着各种类型的辅助性合作小组。如爱知县安城市农业协同组合的农政研究会、农业协同组合妇女部、农业协同组合青年部、家庭联谊部、保险之友部、老年联谊部、土地合理利用研究会、农家资产管理研究会、文体活动会，等等。这其中最典型的是“农业协同组合青年部”和“农业协同组合妇女部”，有些基层农业协同组合把这两个部门合称为“妇青部”。

“农业协同组合青年部”也称为“农业协同组合青壮年部”，参加的成员一般是25岁~39岁的农家子弟。“农业协同组合青年部”的活动是根据农村青年人的特点，除开展各种文娱、体育、旅游活动之外，更多的是根据当前农业生产的需要，组织各种生产座谈和经验技术交流活动。农业协同组合青年部的活动经费一般由农业协同组合负担。通过与农家青年进行多方面的接触和交流，可以加深青年人对合作经济活动的理解和认识，从多方面听取他们对合作经济活动的意见，及时调整和改进农业协同组合的工作方法，从而保证农业协同组合的事业方针在农户中长期、稳定的贯彻和落实。

“农业协同组合妇女部”的成员主要是农家妇女。其参加者在年龄上的差异较大，上至60岁，下到20岁。“农业协同组合妇女部”主要开展生活方面的指导及服务活动，如营养、保健、医疗、卫生、社会福利等。近几年，由于农业劳动力老龄化和女性化，越来越多的农家妇女参与到农业生产中，并发挥着重要的作用。

第四节 农业协同组合的业务范围和基本职能

日本农业协同组合的业务范围非常广泛，几乎覆盖了农民生产和生活的方方面面。可以说，只要是大多数农民需要的，就是农业协同组合应该提供的。

一、农业协同组合的法定业务范围

尽管日本农业协同组合的业务范围涉及农民生产和生活的方方面面，能够为农业协同组合的成员提供全方位的服务，但是，农业协同组合也并不是想开展什么业务就能开展什么业务。日本《农业协同组合法》对农业协同组合的业务范围也作了明确的规定。按照《农业协同组合法》的规定，日本农业协同组合的业务范围主要包括：

(1) 提供成员在生产和生活方面所需资金的借贷。

(2) 接受成员的存款。

(3) 开展对成员生产和生活必需物资的供应。

(4) 经营、管理成员在生产和生活上所必需的各种基础设施。

(5)增置有利于发展农业生产、增进合作经济的农业专门设施。

(6) 进行农业用地的改造、改良，协调以农业生产为目的的土地买卖、借贷和转让，组织农业水利设施的建设和管理。

(7) 从事当地农产品的运输、加工、贮藏和销售。

(8) 兴办农村工业及相关设施。

(9) 兴办农村保险机构及相关设施。

(10) 兴办农村医疗、卫生、福利设施。

(11) 从事以提高成员的生产技术为目的的农村教育事业，

建设以改善农村文化、生活环境为目的的基础设施。

（12）组织以改善成员经济地位为目的的社会团体。

（13）接受成员的委托，直接从事农业生产和经营。

（14）农业协同组合可以买入土地、牧地以及农业设施的地权和产权。

（15）接受成员的委托，代理农业协同组合成员开展非生产性土地的经营活动（如土地的买卖、借贷等）。

（16）从事以服务农民为目的的支汇兑、债务保证业务；从事由金融机关委托的债券交涉、贴现、有价证券的购入和本金、红利的支付业务；从事由农林中央金库或国家主管部门批准有关金融代理业务的代理。

（17）在不影响农业协同组合业务的前提下，从事由《农村工业导入促进法》规定的对地方经济事业的贷款和土地经营业务；从事围绕农村生活设施建设的有关资金和土地经营方面的业务。

农业协同组合成立初期对开展土地经营、从事金融业务等方面的控制是较为严格的。随着农业协同组合作为农村合作经济组织在制度、体系及业务功能方面的完善和规范化，业务范围也在逐步扩大。农业协同组合组织除了可以从事以上的经济活动之外，按照其他有关的法律规定，还可以从事以下的一些经营活动。

⑴ 按照《农业仓库业法》的规定，农业协同组合可以从事各种当地农产品的保管、捆包、改装、运送、销售业务。

⑵ 按照《简易邮政法》的规定，经邮政主管部门同意，农业协同组合可以设置简易的邮政局，从事一般的邮政业务。

⑶ 按照《债权抵当法》的规定，农业协同组合可以受理各种抵当债权的交易业务。

(4) 按照《汽车事故保险法》的规定，在受到当地政府委托的情况下，农业协同组合可以从事汽车事故保险业务和赔偿业务。

(5) 按照《农民养老保险法》的规定，农业协同组合可接受“农民养老基金会”的委托，代理有关农民养老金的业务。

在农业协同组合的这些经营活动中，既有能够带来经济收入的营利性业务，如合作金融、保险、生产资料供应、农产品合作销售等；又有公益性或福利性的非营利性业务，比如说农业协同组合开展的技术指导业务、农村教育、福利、文化活动等。其中，营利性事业为非营利性事业提供了资金和经费上的大力支持。

另外，按照开展方法的不同，这些业务可以分为指导业务、一般经济业务、特殊经济业务。指导业务一般是非营利业务，如技术普及、生活、文化、教育、信息服务等；一般经济业务是指农业协同组合所进行的有关生产、流通、贮藏、加工等与农产品生产、销售活动直接相关的业务活动；特殊经济业务是以特定的领域为对象的合作经济活动，如合作金融业务、合作保险业务。

二、农业协同组合的基本职能

农业协同组合的事业遍及农民生产和生活的方方面面，主要包括生产、加工活动，流通、销售活动，信用、保险活动及农村教育、文化、生活、卫生、福利活动等。它在组织农业生产和农民生活中发挥了极其重要的作用。一般来讲，日本农业协同组合的职能，或者说农业协同组合提供的服务主要包括以下内容。

1. 综合指导

综合指导包括营农指导和生活指导两个方面。营农指导主要是指导社员制定农业生产经营计划，统一品种和种植、饲养技术标准，对农户的农业生产和管理进行指导，在农业中推广新技术成果，在农村组织兴修道路和水利，组织农产品的加工和运输，组织土壤普查和土地的综合利用等。生活指导主要开展生活设计、确保农户收入稳定增加、健康保健、青少年教育、建立舒适优美的地域环境等方面的指导活动。

2. 农产品统一销售

销售是农民获得收益的关键环节。在日本，统一销售农产品是农业协同组合的重要日常工作之一。农业协同组合销售的农产品包括大米、蔬菜、花卉、水果等；销售的方式有超市销售、批发市场销售和直接销售。通过集中销售既可以防止中间商的压质压价，也能避免各组合之间的相互压价竞争，保护农民的利益。同时，还能够促进农业协同组合与中间商之间形成计划销售体制，并建立起相互依存和信赖的合作关系，使农业协同组合的生产更有组织性和计划性，避免盲目生产，确保农民收入的稳定。

3. 生产资料集中购买

农业生产资料合作购买的产品主要包括肥料、农业机械、农药等农业生产必需品。农业协同组合农业生产资料的合作供应事业的任务是有计划地以较低的价格批量购入生产、生活资料，再以公正的价格向农民提供，促进农业生产发展，改善农民生活。为了更好地发挥农业协同组合在购买事业上的作用，县级农业协同组合联合会设有县经济联合会（县供销联合会），中央设有全国农业协同组合联合会（简称“全农”）。社员向基层农业协同组合预订商品，基层农业协同组合接受订货后，再向县级农业协同组合订货。由全农出面大量预购，与厂家交涉，争取优惠价格。另外，农业协同组合还通过自己开办公司和向企业投股的方式生产农药、化肥等生产资料，将其提供给农民。农业协同组合的购买事业是与营农指导、生活指导结合在一起适时、适量地向农民提供商品。凡大宗的生产资料和高档的生活资料，农民多通过农业协同组合统一购买。其中代购最多的生产资料是化肥、农药、农用薄膜、农机、饲料等，代购最多的生活资料有煤气、汽车等。通过集中采购，农民从中得到了实惠。

4. 建设及提供公共设施服务

农民生产和生活中所需的公共生产和生活文化设施，通常是由农业协同组合负责购置和管理的。如生产方面的大型农业机械、农产品加工设备和储备设施、保温库、育秧设施等；生活文化方面有如农业协同组合零售商店、加油站、简易自来水设施、文化活动中心、图书馆等。农业协同组合将这些公共设施提供给社员有偿使用，而除去日常管理和维护成本之后所得的收入又会通过各种途径返还给社员。

5. 信用合作

农业协同组合的信用合作事业在组织农业生产资金方面承担着重任。农家一旦发生资金短缺，农业协同组合是他们可获得帮助的主要资金来源处。农业协同组合面向农村的贷款主要是来自自己的金融系统吸收的大量流动资金。例如，农业协同组合信用系统通常以略高于私人银行利息的优惠利息吸引农家存款，并以低于商业银行的利息发放农家贷款。因此，农业协同组合集中了日本农家的大量闲散资金。农业协同组合在积极吸收存款的同时，也积极地向农民发放贷款。农业协同组合所办的信用业务使以家庭为单位、分散经营的日本农家能以较低的利息相互融资，从而促进了生产的发展。

6. 合作保险

合作保险是农业协同组合的主要事业之一。由全国共济农业协同组合联合会统筹，以加强各级各类农业协同组合抵御风险的实力，减少风险为目的。保险金通过基层农业协同组合筹集。长期保险的项目有：生命保险、儿童保险、汽车保险、运输保险、汽车事故赔偿保险、定期生命保险和伤害保险等。除了保险业务外，农业协同组合的保险系统还举办了一些福利事业，如全国共济农业协同组合联合会就办有疗养所，给因事故受伤或患病的会员予以具体的帮助。

7. 社会福利

日本农业协同组合的福利事业包括医疗保险、婚、丧、嫁、娶等各个方面。农业协同组合组织农民参加保险，有的还建立自己的医院，为农民的健康提供保证。农业协同组合还投资兴建许多农民婚丧等大事所需的基础福利设施，为农民提供服务，减轻农民的经济负担。

三、农业协同组合开展业务的方式

农业协同组合开展各项业务活动的目的是在生产和生活两个方面为农民提供最大限度的服务，是不以营利为目的的。但由于它在为成员提供服务的过程中，必须花费一定的费用，而这些支出又必须以农业协同组合自身的收入来解决，这就使农业协同组合有必要增加自身的经济收入。农业协同组合组织的这种双重目标，决定了在业务方式上它既有与一般企业相类似的地方，同时还有着自己独特的特点。这种独特的业务方式大致可归纳为以下几点：

1. 一体化运营

部门协作是农业协同组合开展业务的基础。农业协同组合在业务上是生产、加工、流通、贮藏、销售等多种业务的兼营。这些经营部门的设置完全是按照农户生产和生活方面的需要来进行的，在横向上各种业务之间不仅是相互联系的，而且是相互促进的。如农产品的“合作销售业务”，为实现共同销售，首先就要解决质量和规格的统一，这就产生了“产品共同分选”的业务；要进行产品的共同分选和计划流通，又必须进行统一的产品保管和贮藏，进而又产生了“产品共同贮藏”的业务。这样，通过完全的协作过程，逐步达到农产品生产和流通的逐步科学化，提高了农产品生产的经济效益。

农业协同组合的这种追求协作的业务方式，还突出地表现在其业务活动之间的内在合理性。比如农业协同组合指导生产及各种活动所需要的资金和费用，可通过农产品贷款的回收或通过来自信贷业务的资金融通，在农业协同组合内部得到解决，而不必向商业银行资本申请利息较高的贷款，节约了不必要的开支。农业协同组合在经济利益的分配上，可按照利用额度的多少进行返还，从而鼓励农民多参加农业协同组合的业务活动，促进协作精神。

2. 规模化发展

所谓追求规模化的效果和利益，是指把各个农户分散的经济活动集结起来，形成一定规模，降低经营成本，提高集体收益。这一业务方式在农业协同组合的业务活动中表现得十分明显，像农业协同组合设施的合作使用、农产品的共同销售等都属于此。

农业协同组合的事业活动一般通过两种形式实现规模化经营：一是通过扩大经济活动的规模（比如像农产品的共同销售活动）和增加参加者人数等方式，达到降低单位产品的成本费用的目的；另一种是通过规模的扩大来强化交易条件，进而在市场上迫使买家或卖家作出价格让步，形成对自己有利的交易条件，达到增加收益的目的。

3. 专业化分工

农业协同组合追求的专业化有两层含意：一是农业协同组合自身的业务活动的专业化，即农业协同组合通过对农民的生产、流通、消费活动进行分门别类的服务和管理，以提高服务的质量，扩大服务的经济效果。这在各类“专门农业协同组合”（如家禽饲养农业协同组合、肉用畜专门农业协同组合、花卉专门农业协同组合）的业务活动中表现的尤为突出；二是农业协同组合通过提高产前、产后的服务质量，使得农民可以专心于某一领域的农业生产，在不断提高专业技术和管理水平的基础上，改善农产品质量，增加产量，以达到增加收入的目的。

第四章　日本农业协同组合的生产指导活动

围绕农业生产经营，农业协同组合为农户提供全方位的生产指导。大到农业发展总体规划，小到农户选种育苗、打药追肥，农业协同组合都费尽心思一手操办。农业协同组合设有“营农指导机构”，聘用营农指导员，走村串户，提供信息，帮助农民制定增收计划，推广新品种、新技术，手把手地解决生产中遇到的问题。生产指导活动是农业协同组合合作经济活动的基础，在其业务活动中占有重要的地位。

第一节　生产指导活动的基本情况

一、生产指导活动的内容

农业生产指导活动就是要帮助农民解决生产过程中的各种问题，使农民通过科学的生产，达到劳动致富的目的。农业协同组合的生产指导活动的内容非常繁多，但可以简单概括为以下三个方面：

1. 生产什么、生产多少

生产什么、生产多少，才能有个好销路、卖个好价钱，这是农民最关心的问题。因此，农业协同组合的生产指导活动的第一个任务，就是帮助农民制定生产计划，解决生产什么、生产多少、在哪里生产等问题。

一切生产都应该首先制定生产计划，农业生产也不例外，生产计划制定的是否科学，直接影响着农民的收成和收入。另一方面，生产计划的好坏又取决于对很多外界条件的把握，这实际上是建立在对包括土地、资金、种子、生产规模、生产资料供给、生产技术状况、市场行情等各方面信息综合把握前提下的。根据计划实施时间的长短，生产计划可以分为长期生产计划和短期生产计划。

虽然日本实行土地私有制，但农业生产还具有一定的计划性。农业的计划性生产主要通过农业协同组合来实现。农业协同组合根据市场需求情况和当地的农业生产的实际情况，如土壤、气候、技术水平、优势农产品等，每年都要帮助农户制定生产计划，包括种植的品种和数量。合理制定生产计划，从农民的立场上来看，能够有效地避免农民生产的盲目性，保证农民获得稳定的收入。从全国农业的立场上看，有助于全国农业协同组合掌握全国农业生产的规模和发展动向，从整体上调整农业的生产计划，保证农产品产量和价格的稳定。

2. 如何生产

制定好了生产计划，农民知道了生产什么、生产多少，那么，农民应该怎样生产才能完成生产计划、达到预期的目的呢？这是农业协同组合生产指导活动的第二个任务。它主要是帮助农民解决生产过程中的各种生产资料购买以及技术、经营、管理等方面的问题。

日本农业协同组合设有生产指导员。生产指导员以农业协同组合成员及其家属为对象，在生产、经营等方面给农民以指导。指导业务涉及农业领域的方方面面，其中以担任蔬菜、耕种、畜产指导为主。

种植计划确定后，农业协同组合会根据农户生产的需要，进一步指导农户制定肥料、农药等生产资料的采购和使用计划，形成农资采购清单，然后由农业协同组合统一采购或由农业协同组合的配肥厂按计划进行配置。同时，对于一些从事大规模的生产和经营的农业协同组合成员，资金往往又是一个比较关键的问题。怎样以比较低的利息贷到所需的资金，借入多少资金、期限多久最为合适，采取以物担保还是以人担保等，都是需要慎重考虑的问题。

在具体的生产过程中，农业协同组合的作用是指导农户采用合理的生产方式进行生产和经营。其中，一是生产技术方面，二是生产经营方面。生产技术关系到怎样才能生产出优质、等规格的农产品；后者是指通过合理的生产过程（包括组织合作等），降低生产成本，提高产品价格的竞争能力。

以栎木县为例。栎木县与东京接壤，农业发展较快，为了进一步推动农业发展，提高农民收入，栎木县农业协同组合中央会开展了新农业确立活动，将栎木县农业划分为八种形态，分别是大规模经营地区、水稻单作地区、水田农业地区、稻作园艺复合地区、水田旱田园艺复合地区、城园化农业地区、农山村复合经营地区和山区零细农业地区。对城市化农业地区，农业的发展方向是以城市经济为依托，加快农业集团化和多品种化（蔬菜、花卉等），加强与消费者的联系，实现农业高效化。对水稻单作地区，农业的发展方向是以水稻生产为主体，培养大规模农业经营农家和园艺为主的复合经营农家。对农山村复合经营地区，以专业农户为中心，将整个地区拧成一股绳，发展农特产品和农产品加工，提高农产品的附加值。

同时，针对农户的生产经营，栎木县农业协同组合又根据各个农户的实际情况研究制定农业生产、经营计划，并且给予具体指导。在技术指导方面，开发、引进低成本高效益的技术体系，推广新品种和新的作物栽培技术，制定合理的耕作制度。同时帮助农民设计经营收入目标，制定营农计划，为购置农机和设施提供咨询，并在会计业务、税务知识方面提供指导和帮助。

3. 如何销售

农民应该通过什么样的渠道才能高价、稳妥地销售农产品，也是农户最为关心的一个问题，它直接关系到农户的收益。对农户的农产品进行销售方面的指导，是农业协同组合的生产指导活动的第三个内容。它主要包括为农民提供各种对市场需求的预测、价格的确定、市场的选择以及农产品销售的技巧等方面的知识和信息。

随着人们生活水平的提高，人们对与自己密切相关的农产品的要求也越来越高，已经由过去的主要以解决温饱问题为目的，提高到现在的追求健康和享受。高质量、好品牌的农产品往往能够卖个好价钱。农业协同组合通过指导农户开展农产品的加工、贮藏、保管、分类、包装等，提高农产品的销售价格和附加值，帮助农户走上致富之路。

二、农业协同组合开展生产指导活动的依据和做法

(一) 生产指导活动的依据

农业协同组合在开展生产指导活动的过程中，一般情况下有三条基本的依据：即引导农业生产和经营向单一化、标准化和专业化方向发展。

1. 单一化

传统的农家生产经营内容非常复杂。在不到10亩的耕地上，一方面要进行水旱轮作，同时还要饲养猪、牛、鸡等，在田边地头还要种烟叶、蔬菜等经济作物。在这种经营多种农作物的耕地上，很难进行高度的机械化作业和技术化管理，不利于大范围利

用先进技术提高劳动生产率和产量。这种小产量、多品种耕作方式，适合自给自足的传统农业生产，导致农产品的商品率很低，产品在流通中处于不利地位。而单一化经营，就是指一定范围内的农民都以一种农作物或产品的生产和经营为主，这个范围可以是一个自然村或几个自然村，或者更大的范围。

按照生产和经营品种单一化的要求，就是要使农民从自给自足的生产模式中脱离出来，将原来分散的耕地化零为整，购买并使用通用性强的机械装备，通过农业协同组合的大力扶持使这种骨干生产或经营部门在地区内形成一定的规模和实力，从而大大提高地区农民的劳动生产力和农产品的商业化程度。

2. 专业化

专业化是农业协同组合生产指导活动的另一条重要依据。专业化，就是从品种的选择、育苗到农田规划、播种、除草、施肥、用水管理、收获、干燥、贮藏、流通、上市等全部过程从一家一户的小而全走向专业化和社会化。这个过程实际上是在农业协同组合管辖地区通过一定的分工合作而完成的。如水稻的育苗由数户农户专门承担，耕作作业由机耕队负责，病虫害防治、收获、干燥、贮藏、加工、出售等由农业协同组合统一进行。

3. 标准化

农业协同组合生产指导活动过程中遵循的第三条依据是标准化运作，它包括经营过程的标准化和生产技术的标准化。经营过程的标准化就是指在一定地区、部门或领域采用相同的经营方式和管理办法，从而促进地区农业生产和经营事业的统一和集中管理，提高农业经营的收益水平。生产技术的标准化就是在农业生产过程中，对作物的肥料施用、病虫害防治、栽培管理等，采用统一的技术标准和要求。在农业协同组合生产指导活动中，积极推动农业生产、经营过程和生产技术的标准化，能够有效提高农家技术水平，规范农业的生产和管理过程。标准化运作成为农业协同组合生产指导活动的重要依据。

（二）生产指导活动的具体做法

1. 指导农户制订生产计划

农业协同组合成员的生产经营计划不是农户单独制订的，也不是完全由农业协同组合制订、并直接分配到各个农户的，而是农户在农业协同组合的参与和指导下制订的。农户的生产经营计划需要事先经过调查准备、分析和预测来形成。多数农户自己实际上并不具备这个条件和能力。因此，在做法上往往是以农业协同组合为主体先进行各种事前调查和分析，然后把分析及预测的结果及主要资料交给农户，帮助并指导农户正确地制订生产计划。

此外，由于同一个农业协同组合的各个农户之间在生产条件、个人能力、生产规模等方面也存在很大的不同，因此，各户的生产计划也不能完全一样。但是，为了实现农业生产的单一化、专业化和标准化，农业协同组合又需要根据农业协同组合整体发展计划的要求，进一步协调和统一各农家的计划内容，这是农业协同组合参与计划制订活动的又一个重要内容。

2. 帮助农户组建各种生产小组

正如前面提到的，农户自己组建的各种生产小组，在农户的生产、生活中，起着非常重要的作用。但是，各种生产小组的组建又需要有人来牵头。因此，根据农户经营的种类、规模等不同，帮助农户分门别类地组建各种生产小组，是农业协同组合生产指导活动的一项重要工作。它有助于促进农户之间的互相交流，提高农业协同组合生产指导活动的效果，是农业协同组合有效开展生产指导工作的基础。

3. 建立统一的技术标准

日本农业协同组合非常重视农业技术的推广和应用，技术指导是农业协同组合生产指导活动的重要组成部分。但是，由于各种原因，农业协同组合中各农户的技术水平高低不齐，给农业协同组合的技术推广工作带来很大的困难，直接影响到新技术的推广应用和指导活动的有效开展。因此，农业协同组合在努力提高区域内农户整体技术水平的同时，也在以技术水平先进的农户为榜样，制定地域内生产技术的基本标准，包括农作物的肥料施用标准、病虫害防治标准、栽培管理标准等方面，使各农户在技术上保持一定的统一性和先进性。

4. 对农户进行经营指导和培训

对农户进行农业经营和管理方面的指导和培训，也是农业协同组合生产指导活动的重要组成部分。这种经营指导在内容上包括如何合理利用土地、机械设施的使用和管理、基本的经营技巧和会计制度等。

5. 开展农产品销售指导

农业协同组合生产指导的内容不仅仅是制订计划和提供技术指导服务，还包括及时了解农产品的市场销售动向，为农户提供及时的市场信息，并对农户进行农产品销售方面的指导。比如说，通过市场调查，了解各级批发市场的价格动向、各种流通组织的变化动向以及本农业协同组合的主要农产品在其他产地的生产情况和消费者的需求动向使农户了解必要的市场信息。同时，开展必要的广告宣传活动和促销活动，提高农业协同组合中主要农产品和特色农产品的知名度，创建自己的名牌农产品。

6. 促进农业协同组合与农户之间的信息交流

农业协同组合与农户之间的信息交流是双向的。一方面是自上而下的信息传递，即将农业协同组合的指导方针准确、无误地传达到农民中去；另一方面是自下而上的信息传递，即农业协同组合全面、准确地听取农户的要求、意见。农业协同组合可以通过编辑各种宣传资料，定期性走访农户，开展各种培训、讲座和经验交流会等多种形式，在农业协同组合和农户之间建立起从生产计划到农产品的上市等全过程的经常性对话。农业协同组合与农户之间良好的信息交流，不仅是指导农户进行生产经营的有效手段，而且是掌握农户生产过程中存在的具体问题、完成生产指导活动任务的重要条件。

三、生产指导活动的特点

受到农业协同组合合作活动本身性质的影响，农业生产指导活动具有以下特点。

1. 生产指导活动的服务性

为农户提供生产指导服务，是农业协同组合的一项职责和义务，享受农业协同组合提供的指导服务是农户的权利。因此，农业协同组合的任何成员都有接受生产指导服务的权利，但是，农户是否接受农业协同组合的生产指导活动是农户的自由，农业协同组合不能强制性地对农户进行指导和干涉。

2. 生产指导活动的技术性

农业协同组合的生产指导活动是带有极强的技术性的服务活动。活动本身不仅要求有一定的生产和栽培方面的技术，还包括计划的制订、流通和经营、加工和贮藏以及会计核算等在内的各种综合技能。

3. 生产指导活动的全面性

首先，生产指导活动的服务内容覆盖了农业生产的整个过程，从生产计划的制订到生产要素的配给、生产的具体实施、产品的流通、贮藏、售卖等各个环节。同时，生产指导活动又不限于某一个农业部门，它的服务覆盖了农业协同组合管辖区域内所有的农业生产经营部门。

4. 生产指导活动的专门性

由于农业协同组合的生产指导活动涉及到农业生产经营的各个部门和各个环节，因而，它具有一定的专门性分工，即根据不同的部门、不同的生产环节，提供专门的指导服务。例如，农业协同组合的生产指导活动内容可以按种植业、养殖业、加工业等部门来分类，也可以按水稻、小麦、养鸡、蔬菜等生产品种来区分，同样可以按计划制订、农产品加工、销售等环节来分工。

第二节 生产指导活动的组织机构

一、生产指导活动的组织机构的分类

根据农业协同组合的业务内容和规模的不同，生产指导活动的组织机构主要分为专门性指导机构和综合性指导机构两种。

1. 专门性指导机构

专门性指导机构是按照农业生产的具体内容，针对某一部门单独设置一种机构的方式来开展农业生产指导活动的。一般来说，这种按职能进行指导的组织形式，多见于经营规模较大、经济实力较强的综合农场。它的最大优点是针对性强，可在指导部门之间分工的基础上，对所承担的部门可以进行有针对性的指导和协调。但是，由于指导机构是按每个生产部门进行设置的，组织规模太大，需要指导的人员也太多，因而不符合指导部门自身费用节约的原则。

2. 综合性指导机构

与专门性指导机构相反，综合性指导机构不具体区分各生产部门的活动内容，只设一个统一的指导机构，通过在组织内部对各技术人员的负责范围进行分工的方式来开展技术指导活动。这种组织形式，一般用于经营规模较小，农业生产部门比较单一的农业协同组合。其最大的优点是组织结构简单，需要的专职人员较少，有利于降低指导费用，缺点是指导的力量比较薄弱。

二、生产指导员

农业协同组合的生产指导工作由生产指导员来承担。日本全国有将近20000名生产指导员，每个农业协同组合都有3~5名，主要是耕作指导员、蔬菜指导员、畜产指导员、果树指导员和农家经营指导员。生产指导员还会根据各个农家的实际情况，个别指导制订农业生产与经营计划，推广新品种和新的作物栽培技术；为农家购置农机和设施提供咨询，向农民提供产销信息和相关服务。可见，生产指导员既是技术指导员，又是农家经营指导员和农产品、农用产品购销员。

1. 生产指导员的任用

对农业协同组合技术指导人员的资格在日本并没有统一的规定，各农业协同组合可根据自己的情况在有关农业协同组合章程中给予具体规定。一般情况下，日本农业协同组合要求生产指导员具有一定的知识水平，如要懂得经济、法律、经营、会计、税务、金融等知识；同时，又要具有一定的专业技能，如耕作、果树、蔬菜、茶叶、畜产、农机、农家经营等。在农业协同组合机构内，不论是一般职员还是营农技术员和生活指导员，都必须经过都、道、府、县中央会的考试合格后才可任用。其报考资格为高中以上文化程度。此外，生产指导员的人品一定要好，要有较强的责任心，为人正直，具有较强的协调能力，并且在开展指导工作的过程中，让农民觉得非常亲切。

由于农业协同组合组织体系中没有针对技术人员的专门考核制度，农业协同组合的技术人员在身份上与其他职员一样，属于农业协同组合的“一般雇员”，其待遇是根据农业协同组合中央会所制定的“农业协同组合职员资格认定制度”的标准来决定的。农业协同组合职员资格认定制度中规定了其工作人员的职位和工资水平的等级。

2. 生产指导员的培训活动

为了能够更好地为农户提供指导服务，高效地完成生产指导任务，生产指导员在被任用后，农业协同组合还会对他们进行各种各样的培训。农业协同组合生产指导员的培训活动，由都、道、府、县中央会和经济联等部门具体负责。主要培训内容有：①指导事业方针；②农业振兴方案；③栽培管理作业技术；④农机操作技术；⑤调查分析和计划能力；⑥经营、流通方面的实务和理论知识等。

第五章　日本农业协同组合的生产资料合作购买

农业生产资料的合作购买，是农业协同组合为农户提供服务和便利的重要职能之一。为了帮助农民降低生产成本，国家、地方、基层三级农业协同组合联起手来开展生产资料订购业务。基层农业协同组合将农民的订单层层上报，由农业协同组合的全国性组织筛选厂家，以低价格批量订货，农户从农业协同组合手中买到的东西，往往比市价低很多。但农民购买生产资料，不光要价廉，而且要物美。全国农业协同组合于1972年专门建立了农技中心，除了培训农技人员外，还有一项重要任务，就是对货物进行检验，确保经过农业协同组合的手交给农户的都是优质品。这样，不仅提高了农业生产的社会化服务程度，给农民带来便利和实惠，而且保证了农业生产的顺利进行。

第一节　合作购买的基本情况

一、合作购买的主要生产资料

农业协同组合的生产资料购买活动改变了原来由农民一家一户单独购买农业生产资料的做法，而由农业协同组合代表农民统一购买和供应。这些生产资料按用途和品种分类，主要包括以下内容：

1. 种植业生产所需要的肥料、农药、种子、种苗等；

2. 畜牧业生产所需要的饲料、家畜（幼畜）、动物医药品等；

3. 各种农业机械以及各种农业设备、建筑材料等；

4. 各种农用燃料、农产品包装材料等。

为了更好地发挥农业协同组合在购买事业上的作用，县级农业协同组合联合会设有县经济联合会（县供销联合会），中央设有全国农业协同组合购销联合总会（简称“全农”）。社员向基层农业协同组合预订商品，基层农业协同组合接受订货后，再向县级农业协同组合订货。由“全农”出面大量预购，与厂家交涉，争取优惠价格。另外，农业协同组合还通过自己开办公司和向企业投股的方式生产农药、化肥等生产资料，提供给农民。

农业协同组合还把购买事业与生产指导事业结合起来，适时、适量地向农民提供商品。凡大宗的生产资料和高档的生活资料，农民多用此法购买。其中代购最多的生产资料是化肥、农药、农用薄膜、农机、饲料等。

二、合作购买业务给农民带来的好处

农业协同组合通过提前订货、大量购买、统一运输等方式，可以大大降低各种生产资料的价格，使农民以低于市场价的价格买到需要的生产资料，节约了农户的生产费用。同时，农民也不用担心各种生产资料价格上涨给自己带来的经济压力。

另外，由于农业协同组合的购买量大，在与厂商进行交易时就有很大的优势。因此，农业协同组合在选择生产厂商时，就能够对各个商家进行比较，选择价格低、质量优、信誉好的厂商进行订货和购买。这样，一方面保证了生产资料的质量，同时也不会因为厂商不能准时交货而影响农民的正常生产。

农业协同组合的合作购买还有利于农户正确、科学的使用生产资料。过去，由于农用产品的品种少、样式单一，因而农民在购买时没有太多的选择余地，有什么就买什么。现在不同，随着市场经济的发展，各种农用产品的品种和样式越来越多，产品的功能也越来越复杂，在铺天盖地的广告宣传下，农户很难准确地选出适合自己的产品。农业协同组合通过进行各种农用产品的研究和测试，把各种产品的真实信息告诉农户，比如根据农户的经营规模，选择合适的机械设备；根据土壤和农作物的特点，选择合适的化肥；帮助养殖户确定合理的饲料品种和配合比例等。

可见，通过生产资料的合作购买，为农户节约了费用、带来了便利、提供了指导，给农民带来了实实在在的好处。

第二节　生产资料合作购买的流程

农业协同组合的生产资料合作购买流程，可以简单分为生产资料的定购和付款两个阶段。

一、生产资料的订购

如前所言，生产资料的合作购买，就是要将一家一户需要零星购买的生产资料集中起来，由农业协同组合出面统一购买。那么，怎么才能把农户的分散购买集中起来呢？

首先是要提前订货，按计划分配。在进行合作购买时，农民首先会在生产指导员的指导下，列出自家的购买清单，比如说都需要什么、需要多少、什么时间要用等等，农民将自家的购买清单（即购买计划）报到所在的基层农业协同组合，基层农业协同组合将各家的清单分类汇总到一起，就形成了基层农业协同组合的购买清单，然后报到农业协同组合的县级联合组织，县级联合组织汇总后再上报全国农业协同组合联合组织。通过层层预定的方式，所有农民的购买清单最后汇总到全国农业协同组合购销联合总会（简称“全农”）。在全国农业协同组合购销联合总会里，再按照不同品种、规格、交货时期等，对来自全国的订单进行统一的分类、归总，形成全国农业生产资料供应的最初计划。在这一基本计划的基础上，“全农”再进一步编制农业生产资料的“采购计划”和“供应计划”，并向生产厂商提出预定，最后完成合作购买的过程。可以说，提前订货是农业协同组合开展生产资料合作购买的基础。

为了使合作购买业务井井有条，真正能够有组织、有计划地进行，其中一个重要的条件是购买活动必须是“无条件的完全委托”。也就是农户的购买活动不应该附带任何的特殊要求，比如在肥料的购买上，不能指定只要某厂商的产品，或完全按自己的要求来指定送货时间等。日本全国有上千个基层农业协同组合，几十个农业协同组合县级组织，如果各农户都有自己的特殊要求，那么合作购买就无法进行。因此，尽管农业协同组合会尽量满足每个农户的要求，但是在合作购买时，必须按照少数服从多数的原则，尽量使少数农户的特殊要求与大多数农户的要求统一起来，这样才能提高合作购买的效率。

日本农业协同组合是如何对肥料进行合作购买的呢？肥料是合作购买的主要产品之一，日本农民使用的肥料90%是通过农业协同组合合作购买的方式获得的。因为日本农业协同组合的合作购买事业是与生产指导事业紧密联系的，在农业协同组合对农户进行肥料施用的指导时，生产指导员会根据农户的耕地面积，估计出各农家全年的肥料使用量，并由农户向农业协同组合提出订货。基层农业协同组合将农户的订货汇总后，在县级农业协同组合汇总并进行协调，并将全县的需求量上报“全农”。“全农”再将各县级农业协同组合的上报计划，按照品种、规格、数量、供货时间进行分类和协调，并在国内市场和国际市场上，选择信誉好、质量高、价格低的厂商，进行订货和购买。购买的肥料在发到基层农业协同组合和农民手中之前，首先要运到农业协同组合的化肥加工厂或中转仓库进行使用前的再加工或保存，然后再将经过二次加工（复合肥、颗粒肥等）或中转仓库的肥料运送到基层农业协同组合的仓库进行保存。最后，基层农业协同组合按照农户的使用季节和需求量，将肥料最终送到农户的手中。这样，整个肥料的合作购买业务就完成了。

二、付款

生产资料的合作购买能够有效节约农户购买各种生产资料的费用，为农户提供比市价便宜的农业生产资料。同时，为了维持农业协同组合自身的经营，避免农业协同组合出现亏损，合作购买中产生的保管费、运费等各种费用，需要通过手续费的方式由各农户进行分担。

农业协同组合在制定各种生产资料的价格时通常有两种方式：一是把生产资料按照市场价格出售给农户，然后再把除去各种成本后剩余的部分，按照农户购买的生产资料所占的份额进行返还；另一种方式是按实际费用进行负担。从目前日本农业协同组合合作购买的实际做法来看，按实际费用负担的方式用得比较广泛。

另外，日本农业协同组合生产资料的购买采用现金支付的方式进行结算。这种支付方式是国际协同组合联盟 1937 年制定的关于合作经济活动的基本原则之一，1959 年在日本农业协同组合正式实施。当时由于农户的经济非常贫弱，农业协同组合提供生产资料供应的最大困难是无法回收货款。由于农户的大量欠账，一时间严重地影响到农业协同组合合作购买活动的正常开展。该原则实施的最初，工作的推进也十分困难。直到进入 20

世纪 60 年代中期，随着日本经济的高速增长和农户收入水平的提高，这一原则才能得到贯彻和落实。从日本农业协同组合合作购买活动的发展过程来看，现金结算方式的实施对于提高农业协同组合的业务效率，促进交易过程的合理化和节约交易费用，特别是对促进和强化购买活动有着很大的意义。

第六章　日本农业协同组合的合作加工

近几年来，虽然日本农业协同组合加工业的形态、方式、目的几经变化，但合作加工活动作为其合作经济活动一个重要组成部分，在代表农业协同组合成员的利益，为改善和提高全体成员的社会、经济地位上所发挥的作用仍在日益增大。

第一节　合作加工的基本情况

一、农业协同组合合作加工业务开展的基本情况

日本农产品加工业以食品加工为主，纺织和其他加工很少。食品关联产业由食品产业（包括食品工业、流通、餐饮业）和农水产业（包括食用林产品）组成。日本的食品加工产业发展迅速。日本每年消费的食品中，经过加工的食品占到一半以上，此外还有将近30%的食品是通过在外就餐如饭店、食品店等消费的，只有20%是没有经过加工的生鲜食品。也就是说，只有像青菜、新鲜果品、生肉和鲜鱼类等，是未经过任何加工而直接进入消费者家庭的。

日本的食品加工市场规模庞大而且比较成熟。在所有的加工食品中，以酒类、软饮料（含果汁和瓶装水）、面类（小麦面粉和面条）、糖果、乳制品、调味品的加工为主，此外还有茶叶、咖啡、冷冻食品、加工肉、油脂、保健食品、海产品、海鱼和酱

类等食品的加工。

日本食品和农产品加工业比较注重与农村经济发展的结合，从而使农业协同组合在农产品加工业中发挥着重要作用。农业协同组合加工事业是以农户副业起步的。第二次世界大战后，以自有原料为主体形成的酱油、豆酱、盐渍菜等食品加工业构成了农业协同组合加工业的主要内容，也成为农户副业收入的主要来源。农业协同组合加工事业对于日本战后经济恢复，弥补战后食品不足发挥了重要作用。

进入20世纪60年代后期，由于市场经济的发展、食品加工资本的扩大以及进口食品的增加，农业协同组合加工事业的发展一度受到严重冲击，加上农业协同组合的加工企业在加工、流通、技术、管理上的不足，使几乎所有农业协同组合的加工企业都出现了亏损，导致不少企业破产。

进入20世纪90年代以后，从事农产品加工业的农业协同组合逐渐增多，它们加工的产品有的已销往全国。同时，日本人消费结构发生了巨大变化，消费需求出现多样化趋势，传统手工食品、纯天然食品成为消费热点。这一变化给农业协同组合加工业带来了转机，农业协同组合以此为契机，进行了战略调整，开展了“一村一品”运动，推出具有地方特色的食品，并以妇女为主体开展手工食品、天然食品的加工活动，受到了消费者的欢迎，也给农业协同组合的加工业及地方经济发展带来了活力。“一村一品”活动得到地方行政部门的支持，在全国迅速普及，出现了像北海道土幌农业协同组合、群马县泽田町农业协同组合、鸟取县东伯町农业协同组合等成功典型。现在有的已扩大到“一县一品”，其中闻名全国的有大分县种类繁多的酱菜、黄酱等特产，北海道的“十胜葡萄酒”，秋田县的“田园火腿”，山形县的“月山葡萄酒”，长野县的“信州黄酱”，等等。

二、农业协同组合合作加工的产品种类

农业协同组合合作加工的产品种类非常多，按照产品种类的不同，可以把农业协同组合加工业分为饮料加工、新鲜蔬菜加工、罐头加工、香肠加工、酱类加工、食品加工等主要种类。一般情况下，农业协同组合也根据合作加工的产品种类，设有农产品加工部门、水果加工部门、粮食加工部门、蔬菜加工部门、畜产品加工部门、水产品加工部门、一般食品加工部门、调味料加工部门等多个部门，从事专门的加工生产。

由于日本资源匮乏，没有其他矿物资源，农业协同组合加工事业的品种基本上以农产品为原料展开，主要品种有咸菜、果汁、豆酱、酱油、乳制品、葡萄酒、香肠、火腿、淀粉、米粉、肉类、茶叶、饲料等。其中，面粉、水果罐头、肉类、乳品、茶叶这5项品种的加工规模将近占农业协同组合加工事业规模的70%。

第二节　合作加工事业的经营和特点

一、农业协同组合合作加工事业的经营方式

日本农业协同组合的合作加工，不仅仅只有基层农业协同组合的合作加工一种形式，还有很多其他的合作加工形式，如农业协同组合县级联合会经营的加工业、农户之间合作经营的加工业、农业协同组合妇女组织所经营的加工业，等等。可见，合作加工的形式是非常多样的，可以适应不同农户的需求。

不同形式的合作加工组织，采用不同的经营方式。农业协同组合合作加工事业的经营方式主要包括委托加工、合作服务、附

加价值等几种类型。

第一，委托加工型是指由农业协同组合提供设施，农户提供原料，为农民的生产和生活提供各种加工服务活动。其产品主要供农户自家消费，而不是用于销售，如磨米、磨面、榨油等。由于这种加工活动最初起源于农民对农业协同组合的委托性要求，故称之为委托加工。这种加工活动是农业协同组合加工的最初和最基本的形态。

第二，合作服务型的加工活动主要是为农民提供各种生产和生活必需品的生产，如农具、饲料、肥料等（也包括一些生活资料，如调味料、加工食品等）。

第三，附加价值是指农业协同组合通过对自己成员生产的农产品进行加工，提高产品附加值后再进行销售。它与上述两种方式的区别在于产品的消费者不是农业协同组合成员而是城市居民，这种合作加工方式是目前农业协同组合进行加工活动的主要形态。

二、农业协同组合进行合作加工的特点

合作加工是农业协同组合的一项重要职能。它开展合作加工的目的，不是为了营利，而是为了满足农户生产和生活需求，为农户提供便利。因此，在原料、劳动力、资金的筹集、利润分配等方面，农业协同组合都充分地体现了合作、民主、公平的基本原则，真正代表了广大农户的利益，通过农产品合作加工的方式，以提高农户的经济收入和生活水平。因此，农业协同组合的合作加工事业与以营利为目的的加工企业和工厂不同。

由于农业协同组合的合作加工事业不是为了赚农户的钱，合作加工需要的资金，如购买设备、人员的工资等费用，主要由农业协同组合提供。农业协同组合的每一个农户都有资格使用这些

设备，参与合作加工。同时，农业协同组合出钱也可以避免民间资本对合作加工活动的控制和渗透，维持合作加工事业独立、民主、合作的基本原则。

农业协同组合加工的原料主要来自于农户生产的农产品。这不仅促进了农业协同组合的一体化经营，也有助于根据本地农产品生产的特点，发展特色农产品加工，促进地区经济的发展和生活水平的提高。经过加工后的农产品有的在当地销售，有的在全国各地都有销售。不同的地区，农业协同组合加工产品的市场分布也有着一定的不同。像北海道、四国、九州等比较边远的地区，由于消费人口的数量相对较少，其产品主要销往全国各地的市场，其中四国地区一半以上的产品销往全国各地。像日本东北地区、北陆地区、中部地区等由于消费人口相对集中，产品市场则主要以本地区为主。

合作加工事业的工作人员也必须是农业协同组合管辖范围内的农家劳动力。农户的家庭成员到农业协同组合去工作，一方面可以确保工作人员的长期稳定性，同时，也可以确实做到工业利润返还农业，返还农民，保证加工业与农业的相互关联性。加工合作产生的利润，农业协同组合会按照各农户提供的加工原料的情况进行返还，使利润取之于农户，又返回到农户手中。

农业协同组合的合作加工同样非常重视市场需求的变化和生产加工技术的改进，能够很好地适应消费者多样化需求，开发并推出具有本地特色的传统食品、绿色食品、健康食品、手工食品。在东京银座的米粮展览馆中，可以看到利用稻谷生产的洗面奶、化妆水、美容霜、洗发香波、护发素等化妆品。由此可见，稻谷的功能已由食用扩展到了化工、保健领域。因此，农业协同组合加工事业不仅能够促进农产品的商品化，增加农户收入，而且也满足了处于现代社会的消费者对于传统饮食文化的需求，并在一定程度上改善了消费者的饮食结构。

农业协同组合还会在全国各地采集各种水产品以及蔬菜、水果、肉类，然后通过批发市场，转送到农产品加工包装厂，进行分装、配送，并且尽可能以合适的价格迅速地将新鲜的产品送到都市居民的手中。通过农业协同组合进行的农产品加工和流通，没有中间商，流通环节简单，可以充分考虑生产者和消费者双方的需求。发达的农产品加工包装业，不仅提供了大量的就业岗位，而且带动了包装材料、冷藏、运输等相关行业的发展，提供了更多的就业机会。不过这都是在商品量大、专业化分工细致的基础上进行的。没有一定的农产品供应量，就无法进行细致的专业加工和配送。

第三节　农业协同组合在合作加工中的职能

一、各级农业协同组合在合作加工中的职能分工

按活动的内容不同，农业协同组合的合作加工可以分为加工生产、流通和销售三项主要的合作内容。按照加工活动的内容和阶段的不同，基层农业协同组合、县级农业协同组合联合会、全国联合总会（“全农”）之间有着不同的分工和职能。

1. 基层农业协同组合的职能

在合作加工事业中，基层农业协同组合要充分利用本地区农户生产的农产品原材料，生产出具有浓厚地区特色的各种特色产品；根据地区产品和市场的特点，在地区内部建立各种产品的销售网络和渠道；同时，还要对合作加工的产品在本地开展广告和宣传活动，创出自己的品牌产品，扩大加工品在本地区的消费规模。

2. 农业协同组合县级联合组织的职能

县级农业协同组合联合会在生产方面，主要负责扩大和建设县级范围内的合作加工基地，并通过基层农业协同组合或其他渠道，提供质优价廉的农产品原料，不断提高合作加工的技术水平，开发出新产品。同时协助基层农业协同组合提高经营管理水平，推动基层农业协同组合合作加工事业的发展。

在流通方面，县级农业协同组合联合会负责建立县内的流通中转设施，组织全县范围内的产品流通，针对不同的市场需求，建立系统化的流通渠道，完善加工品的流通管理体系。

在销售方面，县级农业协同组合联合会负责组织全县范围内的宣传活动，扩大农产品在本县内的消费比重，组织加工品的地区间合作流通，对销售人员进行培训和业务指导，掌握加工企业的营销状况。

3. 全国农业协同组合联合总会（“全农”）的职能

在生产方面，“全农”的职能主要是从事新产品的开发、研制，统一生产规格，制定产品价格政策，对产品质量负责监督检查。此外，还负责生产原料在国内各地区之间的调配和部分原料的统一进口。

在流通方面，“全农”主要是负责在全国范围内建立农业协同组合系统独立的产品流通体系，提高农业协同组合直接经营的合作商店的地位和作用，加强与流通企业的业务合作，扩大产品在全国的销路。

在销售方面，“全农”负责组织全国统一的产品宣传活动，在全国大中城市建立农业协同组合系统独立的营销体系；在全国范围内组织开展农业协同组合产品促销活动。通过既定的商业渠道、农业协同组合自己的流通渠道和其他各种流通方式，扩大和促进加工农产品的消费，开展农业协同组合加工品的创名牌活动。

二、农业协同组合的农产品加工厂的运作

合作加工是基层农业协同组合的一项重要职能。在农业协同组合的合作加工事业中，很多农业协同组合有自己单独的合作加工厂，可以为本农业协同组合的农户提供合作加工服务。如千叶县香取郡古町农业协同组合是一个普通的基层农业协同组合，开展了合作加工业务。每年到了水稻收获的季节，水稻种植户纷纷把刚从稻田里收获的含水量很高的稻谷，运往一个具有加工5万多亩水稻生产量的农业协同组合大米加工厂。该合作加工厂非常先进，从测定稻谷的含水量、称重、烘干、脱壳、大米净化、包装以及谷壳加工成有机肥等过程全部机械化，并实现了全程计算机管理。最后农业协同组合将加工好的大米销售出去，再与每一个农户分别结算。

在一家农业协同组合单独开展合作加工的同时，基层农业协同组合之间也会开展一些合作。也就是说，如果一个基层农业协同组合认为自己没有能力或者没有必要单独建设一个某种产品的加工厂，可以联合周围的几个基层农业协同组合共同出资，联合建设加工、储藏、运输等设施。比如，北海道十胜地区、川西、音更町等周边5个基层农业协同组合联合投资50亿日元共同建立了年消化加工马铃薯17万吨的工厂。同时，对种植规模不大的一些农产品，周边农业协同组合时常委托其中一个种植规模大、加工、储存能力强的农业协同组合收购、加工、贮存，以节约费用，降低成本。

那么，农业协同组合的农产品加工厂是怎样运作的呢？农业协同组合的农产品加工厂的主要原料是当地农业协同组合会员生产的农产品，但有时也从外地甚至国外进口农产品作为生产原料。加工厂的管理层主要由农业协同组合委派。加工厂实行有限

自负盈亏制度。所谓有限自负盈亏就是指在一般情况下，加工厂要自负盈亏，经营不善的话，加工厂的股东需要承担一定的经济责任。但是，这些企业还负有一定的稳定农产品价格、安定市场、保护农民利益的责任。也就是说，在一定的情况下，即使对加工厂经营不利，也要以较高的价格收购农民的农产品，以保护农民的利益。而由此造成的损失，除了加工厂自己承担以外，农业协同组合和政府也会给予相应的补贴。

有些农业协同组合的农产品加工厂的规模很大，营销渠道和营销实力都很强，所以他们基本上都依靠自己的力量进行生产、营销和管理。但是对于大部分规模较小的加工厂来说，各级农业协同组合和政府也会给他们一定的支持。在各地，特别是东京等大城市，经常能看到各级农业协同组合或政府举办的地方特色产品推介会。

下面以甘薯加工的研究、开发、生产和推广为例，说明日本农业协同组合的农产品加工常见的运作模式。

农林水产省的农业研究所发现，在九州地区生产的紫色甘薯含有大量的功能性成分，对健康特别有益，因此，他们投入了大量的经费和人员，从育种、功能性成分分离和验证、各种新产品开发和利用等多方面进行了深入的研究，通过多年的努力，不但选育出了功能成分含量更高的紫色甘薯、红色甘薯等新品种，还通过动物试验和临床试验，证明其有良好的健康作用。在此基础上，研究所开始与农业协同组合合作，研究各种甘薯食品的加工方法和综合利用，很快就生产出了包括甘薯饮料、甘薯粉、甘薯色素、甘薯面包和糕点等多种产品。这时，县政府就开始加大宣传力度，通过各种新闻媒体和品尝会，结合研究所的各种论文和报告，迅速将甘薯产品定位为健康的、特有的、高档的礼品，使市场连年大幅增加，成为当地的名产。

这样，农民和加工厂都得到了很大的发展。

第四节 日本的“一村一品”运动

日本的“一村一品”运动起源于大分县。大分县位于日本西部，人口120万人，其中40%是农业人口，农户年平均收入400万~500万日元，折合人民币30万~38万元。大分县在搞“一村一品”运动之前，县里粮食生产过剩，农民收入很低。为了改变这一现状，大分县在全国首先掀起了“一品一村”运动。“一村一品”运动不是一村只种一个品种的作物或生产一种农产品，而是指一个村至少要有一个市场上知名品牌的农产品，目标是农户年均收入达到700万日元以上（折合人民币53万元）。在市场经济条件下，消费者需要的农产品，价格自然会上涨，农民收入相应就会提高。同时，还要有稳定的生产量、优良的品质做保证。以日本农民目前的想法，“一村一品”就是大家都努力为创名牌产品而工作，认真地做好相应的工作，因为生产的产品得到市场的认可、消费者的喜欢不只是靠广告宣传。

对于“一村一品”运动，日本各级政府和农业协同组合都给予了全力的支持。三叶草（蔬菜名）专业生产公司，是由大分县的5个农户出资组建的专门利用大分县的自然雨水资源，通过大棚来生产“先觉”牌蔬菜的公司，公司固定资产投资总额7亿日元，折合人民币0.5亿元，其中3.5亿日元由国家无偿资助，县市级政府也拿出了一定比例的资金来资助这个公司，其余靠农业协同组合提供贷款，公司的生产目标是年收入达到1.5亿日元，折合人民币0.1亿元。原来依靠土地，公司一年只能种一季农产品，现在利用设施水培，一年可以生产7~8季净菜供应市场。

为了支持“一村一品”运动，政府还拿出了一定经费成立了研究所，支持相关的科学研究。研究所的工作除了从事试验研究外，还有培训和进修功能，即每年都会定期召集大分县的农民进行技术培训。大分县有 58 个市级村，各市级村的花卉品种各不相同。农民根据自己的意愿来选择花卉品种作为自己的生产品种，之后即由县市政府及研究所给予一定的补助，或帮助农民建造大棚（温室），并进行生产指导。也有农民到研究所进行为期一年的进修，再返回家中从事生产。其学习内容不同，进修时间和方式也有所不同。另外，农民也可以邀请研究所的工作人员去家中做免费技术指导。研究所研究的新品种只在大分县内专用栽培，不在其他地方推广，这也是“一村一品”的一个内涵。

十几年前，大分县的花卉还没有名气，而现在大分县花卉的消费量在不断增加，花卉的生产量在农产品中的比例也在不断提高，经过“一村一品”运动，大分县的花卉销售收入已达 82 亿日元，折合人民币 6.2 亿元，占农产品销售总收入的 5.6%，在全国排列第 14 位。

“一村一品”运动得到了国家、县、市政府的补贴，其目的是要把农民发动起来，调动农民的积极性，提高农民的收入。在搞“一村一品”运动之前，农民比较贫困，通过“一村一品”运动，搞活了经济，提高了农民收入，目前大分县的农产品销售收入约为 1500 亿日元，折合人民币 113 亿元。

第七章　日本农业协同组合的农业设施合作使用

在日本，许多农业基础设施，如育苗基地、孵化厂、冷藏库、饲料厂，都是农业协同组合在以保本价为农民提供服务。有的新产品、新技术，农民一时接受不了，农业协同组合甚至实行免费试用。近些年来，日本农村青壮劳力不断涌向城市，在地里干活的，除了老人便是妇女，对重体力活，他们常常吃不消。对此，农业协同组合又伸出援手，把这些活儿接了过来。这一交一接，无形中便实行了集约经营，优良品种、先进的耕作方式、新型农机具便通过农业协同组合接手的业务，间接传到了农民手里。

第一节　农业设施合作使用的基本情况

一、什么是农业设施的合作使用

通常情况下，农业合作的共同设施是指具有较强的公共实用性，在使用和管理上一般很难具体区分是属于哪一个特定的部门，在很大程度上具有纯粹为农业生产和农民生活提供服务性质的农业设施。如各种大型农业机械、农机具修理设施、育种育秧设施、各种运输工具、加工设施、贮藏设施、农产品分选设施以及农业协同组合直接经营的各种商业设施等。

共同利用设施可以分为农业生产共同设施和生活共同设施两类。农业生产共同设施主要包括：大型农用机械、粮食烘干设备、农机具修理工厂、共用肥料配合设施、蔬菜育苗设施、农产品多层次加工储藏设施等。除上述各种生产性的合作使用设施之外，在农业协同组合的合作经济活动中，还有一类生活共同设施，如加油设施、粮食加工设施、煤气供应设施、商业网点、生活服务设施、文化娱乐设施、合作诊疗所、医院、康复中心、福利院等。

农业设施的合作使用，是指农业协同组合成员对农业协同组合所拥有的各种公共设施，如农产品流通设施、各种加工设施、大型农业机械等，按照一定的方式（有偿或无偿），有组织、有计划地共同使用的活动。由于这些设施往往具有投资金额大，公共性强、单个农户难以单独购置和管理等特点，一般由农业协同组合在管辖区域内统一设置、管理，通过收取一定手续费的方式供农业协同组合成员共同使用。而使用这些共用设施产生的收益，农业协同组合将根据各农户对其的利用程度，按比例分配，或以降低使用费的方式，将利益返还给农户。

二、农业协同组合的农业设施合作使用的特点

与一般民间提供的各种设施的使用和租借业务等有很大的不同，农业协同组合进行合作经济活动的基本原则决定了农业协同组合的设施共同使用活动具有以下重要特点。

第一，收费低。农业协同组合在所管辖区域内统一设置、建造这些投资金额大、公共性强，并且单个农户一般难于单独承担的各种共同设施的目的，是为了给成员的生产和生活提供便利，改善农业生产条件。因此，设施的使用是带有服务性质的，使用的收费非常低。

第二，不以营利为目的。农业协同组合所经营的各种共同使用设施目的是为其成员提供生产和生活上的便利，收取一定的手

续费主要是用于共同设施的日常维护和管理。而使用这些共用设施产生的收益，农业协同组合将根据各农户对其的利用程度，按比例分配，或以降低使用费的方式，将利益返还给农户。但是就目前的情况来看，共同使用设施中一般亏损的较多，亏损的部分主要以农业协同组合的其他经营收入来填补，以维持各种共同设施的正常使用。

第三，基层农业协同组合之间合作共建。受农业协同组合规模大小和资金的限制，每个农业协同组合的共同设施都不可能样样俱全，为了提高各个农业协同组合的共同设施的使用效率，充分发挥合作设施作用，邻近的几个基层农业协同组合常常会联合出资，共同创建一些基础设施，或者几个农业协同组合共同使用已有的共同设施。这也是基层农业协同组合的合作设施在更大范围内合作使用的一种体现。

第二节　农业协同组合主要设施的合作使用

各种合作使用设施并不是只有农业协同组合可以设置，农村中的各种民间企业、商业资本也可以设置。但不同的是，一般民间资本设置各种设施的目的是为了赚钱，这与农业协同组合的合作使用活动是有本质区别的。农业协同组合设施的合作使用也收取一定的手续费，但这只是为维持设施管理本身需要的基本支出，最终所产生的利润还要按各农户的实际使用情况进行利益返还。

近年来，由于农业生产结构的调整，各种合作使用活动的发展也不尽相同。总体来讲，像冷藏设施、果菜分类设施、大米加工贮藏设施、农业机械服务中心等增加较快，相反，像畜产品加工设施、冷藏设施、成畜繁殖设施、乳制品加工设施等发展较慢。由于合作使用设施的种类繁多，用途和性质也各不相同，这里只对几种主要的生产性合作使用设施作一简单介绍。

一、大米加工贮藏中心

大米是日本国民生活的主食，对生产出来的大米进行良好的加工和保存，并按市场的需要及时地供应是一项重要的工作。在日本，这项工作主要是由农业协同组合负责承担的。在这中间，大米加工贮藏中心发挥着重要的作用。

大米加工贮藏中心是对稻谷集中进行高效加工、贮藏的综合处理设施。其具体做法是农业协同组合对各农户生产的稻谷在经过数量、品质等检验之后，按不同的规格、品种统一进行分类，并将其集中保存在大米加工贮藏中心的设施里。然后根据市场需要的情况再按数量、品种分批进行脱粒加工，有计划地组织供应。这样不仅简化了大米生产后由各农户分别进行繁杂的打谷、脱粒、保管、出售等手续，提高了大米生产的社会化程度，更主要的是由于采用科学的方法对稻谷进行干燥，低温贮藏，销售的大米在上市前进行脱粒、精制，从而保证了大米的鲜度、味觉和质量。

根据加工方式和保管设备条件的不同，稻米加工贮藏中心又可分为两种类型，即“简易加工贮藏中心”和“全自动加工贮藏中心”。两者的区别是，前者主要是数户农户联合承包管理，加工贮藏的条件比较简单，规模也相对较小，而后者主要采用大型全自动塔式贮藏罐进行稻谷的保管，设施由农业协同组合直接经营。全自动贮藏中心一般还是农业协同组合代理国家粮食储备的基础设施，在管理上也纳入国家的粮食管理、供应体系，而且贮藏规模和能力都比较大。

日本最早的“稻米加工贮藏中心”出现于1959年岩手县的南都田农业协同组合。该农业协同组合原先设施的功能仅是稻谷干燥，后来发展成稻谷的贮藏、加工性综合设施。由于经济效果比较好，1964年又在石川县吉田农业协同组合、新泻县自根农业协同组合、秋田县高梨农业协同组合等地区进行试点、普及，最后扩大到全国。目前农业协同组合导入稻米加工贮藏中心的目的主要有以下三点：

(1) 促进农作业的省力化，把节约的劳动时间用于扩大其他农作物的生产或进行农补兼业。

(2) 提高和保持农产品的品质，加强大米作为商品的市场竞争力。

(3) 促进农业生产活动的组织化、体系化和社会化。

稻米加工贮藏中心在实现对大米进行统一加工、贮藏的时候，必须注意以下几点：

(1) 必须以大规模的商品生产为前提。为了保证大米加工贮藏中心的有效运转，减少设施的闲置现象，一般在达到一定的数量和规模的大米产区建设这种设施才是合算的。

(2) 必须以计划栽培、统一田间管理、机械化作业的互相配套为前提。如果生产作业的标准不统一，生产出来的大米在品质上就可能差异较大，从而加大贮藏和管理的复杂性，造成贮藏费用上升和大米流通成本的增加。

(3) 必须以有一定的品种统一和一定生产组织的存在为前提。强调生产组织的重要性就是为了通过生产组织的协调，增强大米生产者之间在技术、管理、生产上的统一性，确保所生产大米品质的均质性。统一品种不仅是为了有利于生产出品质规格一致的大米，还可以降低保管工作的操作手续，便于贮存管理。

截至1994年年底，日本全国共有“简易加工贮藏中心”设施1999所，“全自动加工贮藏中心”设施573所，平均每一农业协同组合拥有“简易加工贮藏中心”设施2所，“全自动加工贮藏中心”设施1.5所。

二、农业机械服务中心

“农业机械服务中心”是农业协同组合共同设施的又一个重要内容，它最初出现于20世纪70年代后期。当时由于城市化的推进和农村劳动力的减少，农业家庭经营体系的维持开始出现危机，相应的，农业协同组合设立了农业机械服务中心，其主要目的就是为了保证农业经营的稳定和农业生产的安定。

农业协同组合开展农机服务的过程主要分为两个阶段：第一阶段是1973年~1975年的试点阶段。1973年首先在北海道、福岛、群马、新泻、长野、爱知、佐贺、宫崎8个地区进行试点，在取得经验的基础上又扩大到全国的25个地区；第二阶段从1976年开始，根据第一阶段的经验，在国家财政的重点支持下又重新选定了28个地区进行扩大推广，随后逐步在全国范围内推开。

农业机械服务中心的一个主要任务就是组织农民进行农业机械的共同使用。日本农业协同组合的农业机械服务中心的形态主要有两种；一是由农业协同组合统一组织管理的“农业机械服务中心”；二是由少数几户农户在共同合作的基础上成立的农业机械合作服务（使用）组织。这里所介绍的主要是前者。

农业机械服务中心，也叫“农业机械银行”。将其称为“银行”主要是因为农业机械的贷出活动与银行的货币借贷业务活动有类似之处。农业机械服务中心的运营一般采用会员制的方式，会员可以是生产者个人，也可以是团体，会员可以自由加入和退出。“农业机械银行”的负责人一般由全体成员代表大会选举产生，采用任期制，但可以连任。农业机械银行的运营采用独立核算的方式，一般由机械操作员和管理人员组成，在服务方式上以有偿服务为主。

农业机械服务中心在设立时必须制定两个基本规约：一是农业机械银行的基本规约；二是服务规约。前者主要是对农业机械银行名称、所在地、业务目的、业务性质、服务对象、组织机构、管理运营方式、机械构成等进行规定。后者是对作业服务的种类、内容、范围以及收费标准费用计算方式、服务委托方式、费用结算方式等进行详细的规定。这两个规定的内容都必须在农业协同组合全体成员代表大会上认可后方可生效。

三、果菜品质、规格分选中心

果菜（水果和蔬菜）品质、规格分选中心，也称为“果菜分类场”。它是对农民生产的水果、蔬菜的规格、品质等进行分类、选别的专用设施。其主要功能是对生产出来的水果和蔬菜等农产品在上市之前，由农业协同组合统一组织进行品质和规格的分类、包装和贮藏。

蔬菜、水果含有人们日常生活中不可缺少的维他命、有机酸、无机质等重要的营养成分，而其中90%以上的果蔬又必须是以新鲜的状态提供给消费者，因此保证在新鲜状态下终年供应是果菜类农产品流通的基本要求。

在日本，农业协同组合的水果、蔬菜等农产品一般是按规格、品质进行分类和销售。20世纪60年代以后，随着人们消费结构的变化，特别是随着水果、蔬菜类农产品消费数量的增大和大型批发市场的建立，以及大规模的农产品生产基地的出现，出现了一种新型的农产品流通方式。果菜规格、质量分类中心作为该方式的起点，具体由农产品临时仓储设施，规格质量检测设施，贮藏设施、分类包装设施等一系列的专用设施所构成。其核心是贮藏设施和分类设施。

按照贮藏方式的不同可以把贮藏设施分为：一般贮藏库（常

温）、预冷贮藏库和低温贮藏库三种类型。

分类设施是对不同规格的农产品进行等级区分的专门设施。按照选别方式不同，主要可分为人工分类和机械分类两种。近年来，为提高选别过程的效率，缩短从生产到流通、消费的过程，各农业协同组合开始逐步导入各种类型的选别机械。这些机械主要包括滚筒式选别机、激光选别机、超声波选别机、自动称重机、几何形状选别机等。

以三日町选果场为例。三日町有柑橘 1700 公顷，年产柑橘 4 万吨，是日本著名的中晚熟温州蜜柑产地。三日町农业协同组合有会员 1750 名，准会员 1100 多名。针对劳动力老龄化，消费者对柑橘着色要求较高，以及在不破坏柑橘果皮的情况下，为能迅速、准确地获得柑橘果实糖度的数据，三日町农业协同组合于 1997 年开始对原有机械自动选果机全面升级改造，先后投资 28.4 亿元日元（其中国家投资 12.3 亿元，占 43.3%）研究生产柑橘全自动数码分级选果机。其中主要设施光谱分析选果流水线 45 条，耗资 25.3 亿元，并于 2001 年建成光谱分析柑橘全自动分级选果流水线。该流水线实现了柑橘自动卸货、光谱分析高品质选果（包括果皮色泽、外伤、果实形状、糖度测定）、分级、称量、包装、垛箱（每纸箱 10 公斤的柑橘 72 箱为一集装单位）的全自动作业，日处理柑橘能力达到 450 吨（70 吨 / 小时）。经分级的柑橘再通过 10 吨卡车运输到各超市。

目前，三日町选果场实现了柑橘生产、分级处理全信息上网的一体化管理，成为日本最大的柑橘选果场之一。农户只要与选果场约定好送货时间，按时将柑橘装在统一的塑料筐中整车运至选果场，在专用电脑上输入农户或园地编号登录后，流水线就开始自动作业。而每一只柑橘的各项数据也通过电脑反馈给农户，使农户能准确知道自己生产的柑橘的质量情况。农业协同组合还在辖区柑橘园内设立 20 多个田间观察所，记录气温、风速、日照等气象数据，以便了解气候对当年柑橘生产的影响，科学地指导第二年的柑橘生产。山地橘园还都配备了灌水系统，可以实现旱涝保收，提高柑橘品质。

四、其他各种合作使用设施

除以上介绍的各种合作使用设施之外，农业协同组合的合作使用设施还包括水稻育秧设施、水果蔬菜仓储设施、茶叶加工设施、肉鸡加工处理设施、种猪（牛）场、共用牧场、畜产品加工冷藏设施、饲料贮藏设施、汽车维修设施等。这些设施的管理和运营与上述基本相似。

第三节　设施合作使用对农户生产的作用

农业协同组合的设施合作使用活动在日本农业生产和农家生活等方面发挥着重要作用，下面以鸟取中央农业协同组合东乡梨选果场为例，介绍农业协同组合的设施合作使用事业是如何服务农户，提高农户的农业经营和生活水平的。

鸟取中央农业协同组合东乡梨选果场位于鸟取县东乡町，是鸟取中央农业协同组合投资建立的一个共同利用设施。从 1974 年选果场设立之后，就开始运用先进的手段对水果糖度进行测定。这种对糖度的测定体制，促进了梨的品质改进和提高。从 1997 年开始，农业协同组合对选果场设施进行了比较大的增设和改造，并购买了新设备，总投资达 21.01 亿日元，其中得到国家补助金 9.65 亿日元。改造之后的选果场日选果能力为 23000 箱（每箱 10 公斤），占地 2248 平方米，是目前日本较大的选果场。它拥有自动选果机，并配有两套对梨的糖度、成熟度、颜色、形状等进行自动测定的传感器装置，形成了通过计算机系统对梨的品质进行监测的管理体制。此外，选果场有自动装箱装置42台，还有将梨进行分等级的储备池124个。

从1953年到1998年的46年中，鸟取县的梨生产量始终处于全日本第一位，近年来，虽然出现了从事农业的人口高龄化等经营不利因素，但是鸟取县的梨生产量仍处于全国前三位。“二十一世纪梨”是日本有名的梨品种。三十多年来，鸟取县“二十一世纪梨”的产量全国第一，占到全日本生产量的一半。东乡町有梨生产农家500户，所生产的梨将近占鸟取县总生产量的1/5。从全国市（町、村）一级梨的生产量看，东乡町2001年的梨产量在全国市（町、村）中位居第4位。

在市场经济发达和人们消费水平不断提高的当今世界，农产品在销售中越来越需要重视产品质量、外观和包装等因素。因此，进行严格的选果和包装非常必要，但是，若让一家一户分散的生产农行单独选果，则会受到资金、设备、人员和信息等诸多限制。鸟取中央农业协同组合东乡梨选果场的建立，正是为了减少梨生产者个人在选果、包装作业等方面的劳动量，同时也是为了正确把握梨的糖度、形状、颜色和成熟度，达到选果的标准化，提高消费者的信赖度，从而提高市场竞争能力和确保梨的出售价格，促进梨的生产发展。

每到收获季节，东乡町的梨农将其所收获的梨集中到鸟取中央农业协同组合东乡梨选果场，然后，在选果场经过一系列选果作业。选果作业的程序是，首先将梨一个个放到盘子状的容器上，由于该容器上装有自动识别码，因此，在梨被装入包装箱之前，在自动传送带上由自动识别码来进行管理。通过光传感装置及重量传感装置对糖度和成熟度等进行检查，之后按品质和规格等自动地流向对应的箱子里，进行自动装箱，最后由选果场发往日本全国各地或者出口。对那些上等梨，选果场可以保证较高的销售价格，这样，既可保证梨的销路，也可提高梨农的收益。2003 年，东乡选果场的总选果量为 38 万箱（每箱 10 公斤），2004 年为 36.3 万箱。梨的等级按级别高低分为秀、优、良、可四个等级，此外是等外品。2003 年的等外品比率为 5.6%，2004 年为 8.4%。2004 年等外品的比率较高，其原因是受台风及虫害的影响。

通过东乡选果场的选果经验可以进一步证实农业协同组合选果场进行选果的优越性：①对梨品质的衡量达到标准化，可提高消费者的信赖程度；②由于选果是放入盘子中进行的，因此会减少对梨的外部损伤，降低了在选果场内的浪费程度；③由光传感装置监测所得到的信息，还可对下一年度改进梨的栽培起到指导作用。

此外，鸟取中央农业协同组合东乡梨选果场大约有 30 名梨生产经营指导人员，每年举办六七次梨生产指导会，指导农家提高梨的品质，降低生产成本，提高梨的综合生产能力。

第八章　日本农业协同组合的农产品合作销售

农产品销售难是很多国家的农民共同面临的问题。在日本，农业协同组合是农产品流通过程中的参与者和组织者。他们不仅利用自己遍布全国的组织系统优势，也利用拥有的保鲜、加工、包装、运输、信息网络等现代化的优势，将农民生产的农产品集中起来进行统一销售。由于农业协同组合销售的农产品有统一的规格和质量要求，市场计划性强，销售量大，价格合理，手续简便，销售稳定，结算快捷，因此，农民一般都乐意委托农业协同组合销售其农产品。同时，农业协同组合经常根据市场情况调整其经营指导方针，真正做到了计划生产、计划销售。因此，可以说农业协同组合消除了农民销售农产品的后顾之忧。

第一节　农业协同组合在农产品合作销售中的作用

一、日本农产品的流通渠道

日本农民生产的大部分农产品，首先由农业协同组合负责集货、分货和运输等，然后再通过市场进行销售。目前，日本农产品的流通体系由市场内流通与市场外流通两大部分组成。

市场内流通主要由中央批发市场、地区性批发市场、零售市场组成。日本农产品在批发市场的交易主要采用拍卖制。通常，中间批发商及买卖参加者在开拍前会观察陈列于拍卖大厅内的农产品样品或货物本身，拍卖时则面对输送带上的样品（或现物）进行竞价，一笔交易的成交时间往往只需两三分钟，效率很高。如大田市场中水产、果蔬及花卉的开拍时间分别为早晨 5:30、6:50 和 7:20，全场拍卖结束则在 8:30 ~ 9:00 左右。

市场外流通是指不通过批发市场，谋求产销直接见面，以减少环节获得低价格的交易方式。近两年，日本鲜活农产品的流通环境发生变化。20 世纪 90 年代以来，日本位于大城市的批发市场的中心作用越来越小，通过产销一体化组织等市场外流通的农副产品数量占到很大的比重，农产品直销得到了蓬勃的发展。通过市场外流通，实行直接运销，由农业协同组合将生产的农产品包装处理后，直接运送到供应消费地零售业者（超级市场）或连锁零售业包装配送中心及消费大户，以减少所有不必要的中间环节。市场外流通的增加，原因主要是生活协同组织大力推广产地与消费团体之间架起直接流通的方式，通过专业运输公司或邮局的包裹传送，将农产品直接从产地送到消费者的手中。其次，以"早市、直销所"方式的直销倾向十分强烈，其形式丰富多彩，不仅有个人（团体），还有农业协同组合、行政及消费者参与。

二、农业协同组合在农产品合作销售中的作用

在日本，农业协同组合是农产品销售的主力军。农业协同组合通过合作销售的方式，在农产品的流通和销售过程中，发挥着不可替代的作用，主要体现在以下几个方面：

第一，协助农民制定种植计划。农业协同组合根据历年农产品销售情况、进出口形势和政府对农业的政策、方针及工农业对各类农产品的需求预测，逐级向农民提出种植计划，只要农民接受了这些计划，农业协同组合就要保证收后的农产品推销。一旦这些农产品因滞销使农民遭受损失，农业协同组合可用"农产品

价格稳定基金”和“农产品计划上市奖金”来补偿。

第二，农产品集货。由于日本农户经营规模小、零散度高，要解决大市场、大流通和农产品小生产之间的矛盾，必须通过农业协同组合集货才能保证农产品的供应。农户生产的农产品，绝大部分是通过基层农业协同组合——县级农业协同组合组织——全国农业协同组合组织三级委托销售的方式，最后以“全农”为销售主体出售给购买商的。

第三，提供服务。农业协同组合不仅要为农民按计划安排生产、安排上市时间提供服务，而且要为农民提供农产品加工、仓储、运输、保鲜等方面的服务，还要为农民传递农产品市场行情变化信息，使农产品达到均衡、保质、保量、等级化、包装化、名牌化上市。农业协同组合有一班高效、精干、精通业务的工作人员，对生鲜农产品一般当天组织货源，当天晚就可以送达批发市场出售，第二天一早就可以参与拍卖。由于农业协同组合能根据不同产品的需求情况选择最佳时间、最佳地点上市，因而一般可卖得令农民满意的好价格。

第二节　农业协同组合合作销售的方法

一、农产品合作销售的主要方式

农业协同组合对农产品的合作销售的方式一般可以分为三种类型：委托出售、中介出售和委托代购。

第一，委托出售就是农户把农产品的销售业务委托给农业协同组合代理出售。按照委托的具体内容，通常又可将其分为“有条件委托”和“无条件委托”两种方式。“有条件委托”是指农民委托农业协同组合销售其农产品的时候附加有一定的条件（如价格下限、出售期限等)，农业协同组合必须在满足这些条件的基础上才能出售该农产品；与之相反，“无条件委托”是指农户对所出售的农产品不附加任何条件，即农户将其产品的销售权完全交给农业协同组合，由农业协同组合全权负责该农产品的销售。日本农业协同组合的合作销售活动主要采用“无条件委托”的方式。

第二，中介出售是另一种合作销售的方式。它是指农业协同组合把有关农产品的市场信息介绍给农户，由农户和购买者直接洽谈来确定销售条件，进行农产品销售的方式。在这种销售活动中，由于农业协同组合只承担中介人的作用，不直接参与销售活动的具体过程，销售活动往往是在农民个人与买家之间进行，就交易条件看，农民往往容易处于不利的地位。因此，在农业协同组合的合作销售活动中也很少采用这种方式。

第三，对于政府统一管理的大米、小麦、大豆等重要农产品，通常采用委托代购的方式，农业协同组合接受政府的委托代购，政府付给农业协同组合手续费。

二、无条件委托销售的特点

在上述三种方式中，“无条件委托”是农业协同组合的最为常用的销售方式。在具体的实施过程中，无条件委托的特点表现在以下四个方面。

1. 计划生产与计划销售

农产品销售活动主要包括三个阶段：①把农产品从农户手中集中到各级农业协同组合；②对农产品进行统一的品质检查和规格区分，并按不同的品质和价格等级进行包装和贮存；③以农业协同组合为主体统一上市和销售。可见，农产品的合作销售是一项计划性很强的活动。

农产品合作销售活动的计划性，表现在组织生产的计划性和销售的计划性两个方面。

(1) 组织生产的计划性，也就是通过事先与买家签订购买协议，或通过对消费需求的预测，有计划地组织生产。在农业协同组合全国联合总会的统一指导下，通过分门别类地对各种农产品的需求量进行预测，在把握各地市场需求的情况下，再由各县和各基层农业协同组合按计划目标逐级落实，具体确定各种农产品的种植计划。比如全国供销联合总会制定的“蔬菜、水果供应计划”；全国畜产联合总会制定的“畜产品供应计划”等都带有强烈的计划指导色彩。

(2) 销售的计划性，即农业协同组合根据各地市场的需求情况开展有计划的销售活动。由于要出售的农产品已事先集中在基层农业协同组合手里，农业协同组合可以选择对自己有利的市场来销售其产品。为了避免农业协同组合之间的相互竞争，一般是按照“就近销售”的原则，在农业协同组合的各级联合组织的统一指导、协调下，按地区、分品种地开展农产品在全国范围内的计划销售。

农业协同组合在合作销售活动中体现的计划性，不仅可以防止因生产过剩带来的经济损失，还可以减少农产品出售的盲目性。同时，通过合理调节地区间农产品流通规模，节约运输费用，消费者可以买到质优价廉的农产品，所以说“计划生产 + 计划销售”是合作销售活动的基础。

2. 无条件完全委托

无条件完全委托销售方式主要是说，当农户无条件完全委托农业协同组合销售产品时，无论农业协同组合采用什么方式进行销售，每斤多少钱、卖出多少，最后的销售收入是多少，农户都必须无条件地接受。可以想象，与合作购买时的有条件委托的情况相似，如果在合作销售的过程中，每个农户都提出自己的销售条件，在销售过程中就绑住了农业协同组合的手脚。一方面，在面对买家时，很难快速作出决策，容易丧失销售的良机；另一方面，每笔交易的规模将会很小，这就丧失了大批量销售的优势，而且销售的风险很大，这样的销售与一家一户单独销售没有区别。因此，在有条件委托销售的方式下，全体农户参加的合作销售将很难进行，并且也失去了合作销售原先的意义。

当然，在合作销售的过程中，农业协同组合也会希望农户的农产品能够卖个好价钱，卖得越多越好。在委托销售业务上，农业协同组合是通过收取农户的手续费来维持这一业务的，而手续费是根据农户的最终销售收入按比例提成的。农业协同组合只有想方设法以较高的价格把农产品销售出去，提高农户的销售收入，农业协同组合向农户收取的手续费才能增加。另外，农业协同组合开展合作销售业务，本身就是为了帮助农户出售农产品，提高农民的收入，这符合农业协同组合的基本原则。

3. 统一结算，费用分担

为了保证“无条件完全委托”方式的顺利进行，至关重要的一点，就是让农民相信经过无条件完全委托方式得到的销售收入就是自己应得的份额，是公平合理的。对此，“统一结算，费用分担”是处理这些问题的重要原则。

一般来讲，农产品在市场上销售出去之后，批发市场会迅速将销售货款汇入农业协同组合的账户。如果是农业协同组合的全国联合组织负责代理销售的话，则销售款先汇入全国联合组织的账户，该联合组织再转汇到农业协同组合的县级组织或基层农业协同组合的账户。各基层农业协同组合在收到来自市场的入账通知之后，再分别通知各农户到农业协同组合来办理销售货款的结算手续。

当然，农业协同组合在组织农产品合作销售的过程中，还会产生一些流通成本和费用。农业协同组合合作销售活动中，所支出的流通费用主要可分为两类：一类是各种直接费用，如运费、保管费等；另一类是各种间接费用，如职工工资、各种管理费、各种共同费用等。这些费用，按照“费用分担”的原则，由各农户分别负担（通常是从销售收入中扣除）。基本做法是，直接费用由于发生对象比较明确，通常按农产品的实际销售数量进行分担。间接费用，由于难于严格划分，而且费用总额通常只有在一个生产周期结束以后才能知道，实际上只能采用提出“计划手续费”的方式来处理，即在每年初根据上年费用支出情况，确定当年的手续费标准，到了年底，再按实际费用总额进行多退少补。

4. 全员参加，系统利用

全员参加，就是引导农民把所有的产品销售活动都加入到农业协同组合的计划流通中来。系统利用，是指农产品的合作销售活动应通过农业协同组合组织的力量，即通过基层农业协同组合、县级组织、全国联合组织的综合协调实现农产品的合理流通，从而提高经济效益。农业协同组合的销售业务是每个农户共同参加的合作活动，只有全体成员的共同参加，才有可能形成较大的组织力量和规模效益。

第三节　主要农产品的合作销售

一、粮食作物的合作销售

1. 大米的合作销售

日本的大米有政府米和自主米之分。这一区分是在 1969 年日本第一次粮食过剩以后才产生的，而在此之前几十年，政府对粮食的管理极其严格。根据1942年制定的《粮食管理法》，日本政府基本垄断了大米流通的全过程。农民向政府交售大米是应尽的义务，由政府向农民分配定额，强制收购所需大米。收购价格的制定原则是确保农民的收入能够维持继续种植大米。大米的销售主要实行配给制，销售价格的制定主要着眼于保证消费者的承受能力，收购价高于销售价时，由财政进行补贴。大米的进出口也完全由政府垄断。

随着粮食生产能力的提高和政府储备的增加，到20世纪60年代末，日本出现了粮食的供过于求。从1967年开始到1970年10月末，国家总库存达到了720万吨，形成了第一次大米过剩。这次过剩一直到1974年才处理掉，为此日本政府总共花费了1万亿日元。

根据变化了的粮食供求形势，日本政府于1969年在大米流通中部分地引入市场机制，也就是允许非政府销售渠道经营大米，称为自主米流通，而由政府收购和销售的大米称为政府米。但自主米流通须经过政府批准，并纳入国家计划。它的流通过程是：根据农林水产省批准的自主米流通计划，农民将自主米委托给基层农业协同组合，基层农业协同组合再委托给县级农业协同组合联合会销售。县级农业协同组合将大米出售给批发商，批发商销售给零售商。

自主流通米的95%是由农业协同组合系统通过委托销售的方式销售的，其余5%由其他收购商收购。自主流通米的价格是在日本政府设立的“自主流通大米价格形成中心”经买方（批发商）和卖方（全农、大的经济联或大的农业协同组合）通过价格投标的方式形成的。形成的价格只是全农卖给批发商的价格，而不是最终卖给消费者的价格。大米价格投标每个月进行一次，根据产地、品种不同，总共要进行80个品种的价格投标。经过大米价格形成中心确定价格后，由具有资格经销大米的批发商和大米加工企业购买。

由其他收购商收购销售的5%的自主米，属于计划外流通米，它是由生产者自主销售、自担风险的大米，其流通渠道比较多。价格由买卖双方商定，不属于农业协同组合合作销售的范围。

日本政府不仅在自主米流通上依赖各级农业协同组合组织，在收购资金的管理上也同样借助农业协同组合。在收购资金方面，政府米由农林水产省所属的粮食厅出资，按一定的方式确定价格后，通过委托代购的方式委托基层农业协同组合直接从农民手中收购，然后直接运到政府储备库。自主米由全国农业协同组合提供“暂定收购资金”（因最终结算是在大米销售出去之后），“暂定收购资金”来源于中央农林金库，每年大约需1兆多日元。政府通过认购中央农林金库的农林债券的方式来支持农业协同组合的自主米流通。

2. 小麦的联合销售

与大米不同，日本国内小麦的产量很小，1998年全国小麦总产量57万吨，仅占年消费量的9%，其余的91%依靠进口。2000年以前，国内小麦一直由政府通过农业协同组合直接收购，且收购价格高于政府的销售价格。2000年，日本政府决定把麦类流通转入民间，政府不再负责收购。

在日本，小麦实行先签约再生产的方式，在播种前由农业协同组合与购买方签订购销合同。每年3月~6月，地方上都要召开民间流通联络协商会议，商谈小麦的供需事宜。会前，基层农业协同组合先对从事小麦生产的农户的种植情况，包括面积、产量、销售量等进行调查，提出预计销售量等相关信息，同时向买方征求需求信息，再将供需信息提到会议上，供需双方直接商谈，根据需求确定麦类作物的种植品种和生产量。7月~8月确定价格后，在 8 月 ~9 月由农业协同组合代表农户与加工厂签订购销合同，其中包括产地、品种、数量、价格和质量等内容。按照相关规定，签约确定的小麦的供应数量可以有 15%的浮动，销售时只要在这个幅度范围内，即可按照当初的契约办事。若因气候等非人为因素，交货时少于签约数量，不予追究；数量超过浮动幅度，则对超出的部分追加签约，按事先确定的价格和条件直接交易。国产麦的合作销售过程与大米类似，也是要经过生产者——基层农业协同组合——经济联——“全农”这种三级委托的方式进行销售。不同之处在于麦类没有计划内外之分，且销售对象主要是面粉加工厂、精麦加工厂。经过加工后，再销售给食品加工厂，最后主要以制成品的形式卖给消费者。

麦类的交易形式分为投标交易和直接交易两种，前者约占交易数量的 1/3，后者占 2/3。因此，交易价格的形成也分投标价格和直接交易价格两种形式。原则上，交易价格要通过供求双方在政府价格形成中心通过投标产生。与大米价格投标不同的是，麦类价格投标是以现行的政府出售价作为投标的基准价格，投标产生的价格只能在基准价格的 5%以内上下浮动，不能超出设定的范围。以后，每年形成的投标价格均作为下一年的基准价格。一般把投标价格作为签约价格，直接交易价格要结合投标价格来确定。

其他粮食作物如大豆等的合作销售方式与大米和小麦相似，也是实行农户——基层农业协同组合——县级农业协同组合组织——“全农”的三级委托销售制，销售的主体是全农，农业协同组合和经济联直接销售的量很少。

二、蔬菜水果类农产品的合作销售活动

在蔬菜和水果类农产品的流通过程中，通过农业协同组合合

作销售的方式销售的数量所占的比例较大。但是，与大部分粮食类农产品的合作销售不同，对于蔬菜、水果等具有鲜活性、易腐烂变质的农产品，一般由农业协同组合收购、整理、包装后运到各城市的农产品批发市场，委托批发公司以公开拍卖的方式卖给出价最高的批发商，批发商在同一市场的另一端立即转售给零售商。

蔬菜和水果类农产品的合作销售，同样是按照“无条件完全委托销售”的方式进行。基层农业协同组合首先将农户要出售的农产品集中起来，将其中的绝大部分委托给县级的农业协同组合联合组织进行销售，一小部分由基层农业协同组合直接向地方市场销售；县级农业协同组合将自己代理销售的部分留下来，向地区市场和全国市场销售，将其余的农产品委托“全农”进行销售。“全农”将集中起来的农产品在全国范围内进行综合协调，并主要通过全国批发市场和农业协同组合自己的市场外流通设施如“农产品直销店”进行销售。

可以看出，与粮食农产品主要通过各级农业协同组合组织的层层委托销售的合作方式不同，在蔬菜、水果的合作销售过程中，除了有基层农业协同组合——县级农业协同组合——“全农”的计划流通体系之外，各级农业协同组合都还保留有一部分农产品自己销售。也就是说，在蔬菜、水果的合作销售过程中，农业协同组合体系内部的层级委托与各级农业协同组合的独自销售同时进行。而在各级农业协同组合的独自销售的份额中，“市场外流通”即出售给超市、企事业单位、消费者团体等的蔬菜、水果等农产品所占的比重较大。随着日本市场流通体系的逐步完善和网络、信息技术的普及，在蔬菜、水果等鲜活农产品的合作销售中，“市场外流通”所占的比例正逐渐上升。

三、畜禽产品的合作销售

通常所说的畜禽产品主要包括肉类、禽类、蛋类、乳类等产品。日本农业协同组合进行畜禽产品的合作销售与粮食、蔬菜、水果等农产品的合作销售方式有所不同。日本是一个以家庭经营为主体的国家，与欧美相比畜牧业生产规模比较小，但是，在畜牧业的生产、加工、流通与贸易的各个环节和各个品种部门以及各个地区都分别成立了为数众多的互助合作组织以及行业协作组织。全国性畜牧业生产者合作组织就有30多个，如畜牧振兴事业团、中央畜牧会、畜牧技术协会、全国奶农合作社联合会、日本肉鸡协会等等，加工部门以及流通部门的全国性合作组织还有40多个。

由于畜牧业的专业化、规模化和企业化经营的快速发展，畜禽产品主要是以各种专业农业协同组合的合作流通为主，也就是说，通过农业协同组合合作销售的方式进行销售的畜禽产品所占的比重相对较小。例如，1998年肉牛通过产地家畜市场流通的比例占46%，而由农业协同组合系统直接进入零售阶段的只占22%。

畜禽产品中除了鸡蛋以外，几乎所有的产品都必须经过一定的加工和处理，如屠宰、解体、分割、包装，等等。近年来，农业协同组合已经开始承担一些畜禽产品的初级加工，而对于技术条件要求较高的精加工，仍控制在一些规模较大的食品加工企业手中，这也是农业协同组合的合作销售在畜禽产品中所占比例较小的一个原因。

以牛肉的合作销售活动为例。日本肉牛流通量的一半以上是经由农业协同组合的合作销售进行的。肉牛的流通基本上是经过“基层农业协同组合——县级农业协同组合联合会——‘全农’”

的途径，最终进入批发市场的。其中，基层农业协同组合将绝大部分肉牛委托县级组织销售，剩下的一小部分进入地方批发市场；县级农业协同组合也将一半以上的份额委托“全农”销售，剩下的部分进入地方批发市场和地方肉联厂；“全农”集中的产品直接进入批发市场、加工企业、超级市场或其他消费团体。

日本鸡蛋的合作销售与牛肉销售也有所不同。在日本，鸡蛋的流通方式主要有四种：①经过农业协同组合的合作销售；②经过中间商销售；③大规模饲养农场的自行销售；④集团消费者的自行生产和流通。其中农业协同组合合作销售的销售对象主要是超市、食品加工企业、食品店、饭店，等等。农户按照完全委托的方式，委托农业协同组合销售；农业协同组合通过层层委托销售的方式，在各级农业协同组合代理销售鸡蛋。但农业协同组合的鸡蛋合作销售占鸡蛋销售总量的比例较小，还不到总量的1/5。

第四节　农业协同组合的产业一体化

一般情况下，农业协同组合在生产方面的各项合作事业不是零散的，不是只开展生产指导、合作购买、合作加工、合作销售等业务中的一项或几项，而是提供完整的、全套的服务。农业协同组合把农户的生产、加工、销售等各个环节连成了一个整体，依次完成。因此，农户大可不必为生产出来的农产品的加工和销路而费心，这就是产业一体化。产业一体化是日本农业协同组合的一个重要特征。下面以日本鸟取县东伯町农业协同组合的肉牛产业一体化为例，对日本农业协同组合的产业一体化作个简单的介绍。

一、东伯町农业协同组合的部门设置

鸟取县的东伯町位于日本列岛西南部，北部临日本海，总面积 82.2 平方公里。町内共有耕地面积 1697 公顷，人口 1.2 万。畜产品和梨是东伯町的主要农产品。1947 年 11 月日本公布了《农业协同组织法》以后，东伯町的农业协同组合就同日本众多的农业协同组合一起建立起来了。当时，日本农业协同组合组织规模非常之小，如东伯町的小鸭农业协同组合只有 41 家农户参加。1965 年日本公布了《农业协同组合合并助成法》，政府鼓励和促进农业协同组合的合并。当时东伯町有八桥、浦安、下乡、上乡和古布庄等五个小规模的农业协同组合，但受到规模和资金的制约，农业协同组合在组织销售、购买等方面遇到的困难很大，在《农业协同组合合并助成法》的推动下，通过协商，这五个小农业协同组合终于在 1965 年 12 月合并成为现在的东伯町农业协同组合。

东伯町农业协同组合的生产部门包括农业振新部和畜产部两大部门。

农业振新部主要是为农户提供种植业的产前和产后服务。东伯町共有 933 公顷的水田。农业协同组合的育秧中心为全体农业协同组合的农户提供培育的秧苗和机械化插秧等多项服务。农业协同组合的大米中心为会员提供包括收割、烘干、脱粒、进库和销售等一体化服务。为了提高农户产品的附加值，增加农户的收入，东伯町农业协同组合还设立了农产品加工部，如酱菜加工厂收购农业协同组合成员的萝卜制成酱菜，然后直接销往农业协同组合在町外各地区的市场。

水果部是农业振新部农产园艺科的重要组成部分。“二十一世纪梨”是东伯町的代表水果产品。20 世纪 70 年代初期，东伯町采用公司法人形式促进梨生产的团地化，促使梨的种植面积不断扩大。1972 年以后町内的梨生产完全采用一体化模式经营，即农户分散种植，农业协同组合统一技术指导，会员收获的梨由农业协同组合统一分档、储存和销售。

畜产部工作包括肉鸡、牛肉和猪肉生产，堆肥加工，畜禽的屠宰、加工、物流和销售等，都由农业协同组合统一一体化经营。生产资料和生活资料大批量购买可以节省各种成本。东伯町农业协同组合设立购买部就是为了节约会员购买生产资料和生活资料的费用。在生产资料购买方面，农业协同组合通过对会员提供数据的统计，掌握町内生产资料，包括饲料、化肥、农药等需求数量制订购买计划，并按照会员的需要及时把各种生产资料送到成员手中。农业协同组合商店提供的生活资料不仅价格便宜，而且不需要进城去买，为农民购买日常生活品提供了便利。另外，农业协同组合有自己的小银行，会员把钱存在农业协同组合的信用部门，在必要时也可以通过信用部贷取所需的资金。

东伯町农业协同组合的指导部包括技术指导和经营指导两部分。农业协同组合除了自己的技术人员以外，还同国立和县立大学、研究所建立密切的联系，使农业协同组合成员的农业和畜牧业生产经常获得各种技术支持。经营指导包括教会农业协同组合会员记账以及怎样有效地运作资金等。

此外，随着农业协同组合生产和销售规模不断扩大，东伯町农业协同组合利用积累的资金投资经营了两个由它直接控股的公司，东伯振兴株式会社就是其中之一。东伯振兴株式会社开办了兄弟购物中心、鸟取肉鸡加工厂、鸟取车站商店、大阪物流中心和岛根营业所。兄弟购物中心是设立在町内的零售商店，主要销售生活用品。鸟取肉鸡加工厂是肉鸡加工处理工厂，年加工能力达到 200 万只鸡，主要满足大阪和京都地区市场需求。鸟取车站连锁商店设立在鸟取县各车站附近，销售东伯町生产和加工的牛肉、鸡肉、猪肉和肉制品。大阪物流中心从事农产品的第三方物流工作，把鸟取县的农产品、畜产品和水产品配送到日本关西地区的各大超级市场。岛根营业所为农业协同组合的成员提供综合服务，包括农畜产品、食品、衣服、日用品、汽车、房产和地产的买卖，此外还经营贷款和保险业务。

二、东伯町农业协同组合的肉牛产业一体化

东伯町的肉牛生产已经实现了一体化经营，其中肉牛的饲养由各农业协同组合的成员分户进行，此外的所有工作由农业协同组合通过一体化经营方式来完成。这些工作包括种牛的繁育，小牛的生产，架子牛的育肥，屠宰、加工和销售活动。同这类活动配套的公共设施和设备包括小牛繁殖中心、小牛哺乳中心、育肥牛试验场、草场、奶牛中心、屠宰加工厂、营业所和牛肉专卖店。

1. 肉牛的繁殖和育肥

1991年日本开放牛肉进口以后，日本的养牛产业受到了很大的影响。原来东伯町农业协同组合生产牛肉以小公奶牛的育肥为主。随着进口牛肉迅速增加以后，小公奶牛育肥肉同进口牛肉之间的价格差异很小，受到冲击特别大，销售额显著下降。为了改善这种不利状况，町农业协同组合决定开发不受进口牛肉影响的高级黑毛和牛（和牛，即日本牛，日本称大和民族，“和”即为日本的代称）牛肉。为此，他们建立了肉牛繁殖中心和哺育中心。繁殖中心的任务是繁殖优质黑毛品种小和牛，哺育中心的任务把由哺育和饲养由繁殖中心送过来的黑毛小牛以及部分从牛奶生产农户家里收购来的小公奶牛卖给本町养牛农户，通过他们来培养优质黑毛和母牛及肉牛。

2. 繁育中心

繁育中心的主要任务是快速繁殖优质黑毛和牛。它一般采用人工授精或者胚胎移植等方式使母牛怀孕。胚胎移植不仅可以确保胚胎品质，可以借助普通母牛借腹生产出价格昂贵的黑毛和牛，加快优质牛的繁殖速度，降低生产成本。繁育中心内一共有50头供卵牛，平均每头牛一年采卵3~4次。

繁育中心除了把大部分未断奶的小牛送到哺育中心以外，还保留着部分小牛。这些小牛养到9月龄以后，小公牛卖给育肥农户，母牛卖给繁殖牛饲养农户或者是送到鸟取县经营的牧场中放养。这些母牛成熟以后，再在其中挑选品质优良的母牛送回农业协同组合的繁殖中心，作为繁殖种母牛使用。

3. 哺育中心

哺育中心除了哺育繁殖中心转移过来的小黑毛和牛以外，还向牛奶生产农户购买奶小公牛或杂交牛。东伯町内共有87户牛奶生产农户，饲养了1260头奶牛。哺育中心通过人工哺乳的方式把这些小牛饲养到9个月以后，作为架子牛卖给育肥农户或者农业协同组合的育肥试验场。哺育中心有职工4名，通常的饲养规模为600头牛，每年架子牛的出售数量约900头。

4. 农户经营牛的饲养

东伯町的养牛农户都分布在由农业协同组合出资建立的各个养牛团地内。这些团地都建筑在无人居住的山地中间，目的是把町内家畜饲养场所同人居住地分开，减少公害。同时养牛农户相对集中，也有利于共同管理，减少管理费用和生产成本，如粪尿处理、大型设备的共同利用等更易于开展。另外，养牛农户可以通过租赁的方式使用农业协同组合投资建立的牛舍。

繁殖牛饲养农户的经营项目是生产小黑毛和牛，他们把小牛养到断奶后，除了少量优质母牛留种以外，其余的卖给同农业协同组合的育肥农户，或者通过农业协同组合的流通部门向外部出售。有一位 70 岁高龄的繁殖牛农户，他的牛舍是向农业协同组合租借的。他原先有自家的牛舍，但是由于他家没有后继接班人，从长远考虑，为了减少固定资产投资，几年前搬迁到了养牛团地。这位老农向农业协同组合租了 3 个牛舍，一共养了 15 头黑毛和母牛。牛舍的租金为每头繁殖母牛 2 万日元。这费用包括牛舍建筑和内部的设备使用费。粗饲料和精饲料都是从外部购买，自己加工后使用。每头繁殖母牛每年的饲料费用是 7 万日元。当年这位老农饲养的母牛生产了 19 头小牛，卖了 800 万日元。

5. 农户经营肉牛育肥

东伯町设立了 8 个育肥牛团地。中田就是其中的一个农户，他租用团地装备了现代化设备的牛舍，进行大规模的肉牛育肥生产。设备的租用费用为平均每头育肥牛 1.7 万日元。中田的育肥农场共有 5 个劳动力，包括中田夫妇、儿子、儿媳和 1 名长期雇工。中田的农场饲养了近 600 头育肥牛，其中杂交牛 200 头，黑毛日本肉牛 150 头，小公奶牛 150 头。此外，还有生育过一次的黑毛和母牛和 40 头小牛。

为了应对牛肉价格变动的影响，中田除了扩大经营规模，饲养不同品种育肥牛以外，还采用各种先进经营策略和饲养方式来提高农场的经济效益，如对育肥牛采用全进全出的生产方式和对农场采用科学的财务管理方式。

中田的农场生产的黑毛和牛肉达到 4 级以上标准的占到了其总量的 80%，公奶牛育肥肉达到 3 级以上的为 89%，1997 年当年该农场的总销售金额达到了 1.5 亿日元。

6. 农业协同组合的育肥农场

东伯町育肥牛试验场是农业协同组合自营的育肥牛场，该农场一共有 6 栋装备了带有电脑控制的自动喂饲机设备的育肥牛舍。农场共饲养约600头育肥牛，其中30%是摘除卵巢的母牛，70%是生育过一胎小牛的育肥母牛。该农场有4名管理人员。农场中的育肥牛，除了该町生产的以外，大部分是通过农业协同组合的流通部门从别的地方购买的。摘除卵巢手术的母牛的育肥方式是把出生后8个月的黑毛和母牛引入农场，饲养4个月后去除卵巢，再通过22个月的育肥以后出栏。这种方式育肥不仅牛的日增重量快，而且肉色好，脂肪的雪花状分布均匀。母牛产一胎后育肥方式是在母牛分娩后，不给小牛哺乳，小牛由人工哺乳，避免由于哺乳而影响育肥牛的增重，一般是经过一年的育肥以后出栏，在母牛的育肥期间中除了喂精饲料外，还添加水稻秸秆的粗饲料。

7. 牛肉的加工和销售

东伯町农业协同组合的牛肉产业一体化经营的特征是为该町出栏的肉牛进行屠宰、加工和销售。东伯町农业协同组合把出栏的肉牛分成两个部分，一部分是活牛出售，另一部分是通过农业协同组合所有的屠宰加工厂加工以后出售牛肉或牛肉制品。东伯町出栏的黑毛和牛和杂交牛主要是以活牛的形式运送到大阪市南港肉牛批发市场出售。所有育肥公奶牛和少量黑毛和牛和杂交育肥牛被送往农业协同组合的肉类加工中心进行屠宰和加工。1998年东伯町肉类加工中心一共加工了4700头肉牛，其中2700头是本町出栏的，其余的2000头是从其他地区购买的。东伯町肉类加工中心内还有一个火腿肠加工车间，原料来源就是该中心生产的牛肉、猪肉和鸡肉。

东伯町牛肉的流通方式是通过该农业协同组合下属的“东伯町食品贩卖株式会社”，把牛肉销售到鸟取县内外的大超级市场以及该农业协同组合在各地的牛肉直销商店。东伯町还在鸟取县内设立三家牛肉直销商店，在大阪建立了两座畜产品的储存和转运站，通过这两家转运站，向在京都、大阪和神户设立的牛肉直销商店以及岛根县、京都府和福冈县的生活协会的食品店转运东伯町生产的牛肉和牛肉制品。

至此，东伯町农业协同组合的肉牛产业一体化经营顺利完成。

第九章　日本农业协同组合的信用合作

人们不愿种田有一个重要原因，那就是产前投入大，生产周期长，同时风险也大。买种子，购肥料，添机具，请帮手，还没见粮食的影，钱先花出去一大把。欧美的大农场主家底厚实，在银行的信用又好，钱这方面不成问题。但在以家庭经营为主的日本，农业生产资金解决不好，就会给农民的生产带来麻烦。于是，为农民提供信用服务顺理成章地成为农业协同组合的业务。日本农业协同组合的信用机构存款利率通常略高于私人银行，而贷款利率又尽可能提供优惠。由于客户多，存贷款量大，加上业务种类丰富，业务开展得红红火火，不仅给农民解了难，也为各级农业协同组合增加了收入。

第一节　农业协同组合信用合作的主要业务

一、农业协同组合进行信用合作的概念

日本农业协同组合的信用合作事业，是根据《农业协同组合法》中有关农业协同组合可以从事发放农村信贷和吸收农村存款的规定开展的一项业务。它主要是通过对农户提供各种资金和信用服务，最大限度地满足农户生产和生活对资金的需求。

农业协同组合的信用合作事业在组织农业生产资金方面起着非常重要的作用。它通过以略高于私人银行利率的优惠利率吸引

农家存款，并以优惠条件面向农家发放贷款方式，集中了日本农家的大量闲散资金。并且农业协同组合在积极吸收存款的同时，也积极地向农民发放贷款，农家一旦发生资金短缺，农业协同组合是他们获得帮助的主要资金来源处。目前，全日本基层农业协同组合的金融机构有本店4500多个，支店11000多个，办事处2200个，事务所4800个。这些基层机构深入农户，对会员发放生产、生活贷款，吸收会员存款，使以家庭为单位、分散经营的日本农家能以较低的利息相互融资，推动了农业生产的发展和农民生活水平的提高。

多年来，农业协同组合的金融事业一直是农业协同组合的骨干事业之一，是其最大的赢利部门。不仅如此，农业协同组合金融机构与日本政府农业政策金融机构——农林公库并列成为日本农业金融的两大支柱，对农业和农村经济发挥着日益重要的作用。

二、农业协同组合信用合作的业务内容

农业协同组合的信用合作活动主要包括农村存款、贷款，各种结算业务以及资金运用业务等。从形式上看，农业协同组合的信用合作的业务与一般的银行业务有很大的相似性，但在具体的业务内容和处理方式上，它又与一般的银行业务有很大的不同。

(一) 农业协同组合的存款业务

通常情况下，农业协同组合的存款业务主要有活期存款、定期存款、结算存款、专项存款和综合存款五种。

1. 活期存款

日本农业协同组合开展信用合作的活期存款类似于我国银行中的“活期存款”，农户可以自由存钱和取钱，存取款的金额大小也没有限制。存户不仅可以办理存折，还可以办理磁卡。因此，用户既可以通过存折到农业协同组合金融办理存取业务，也

可以凭卡到附近的柜员机（自动存、取款机）办理存取业务。活期存款利息每年计算两次，分别在6月和12月，存款利息以当日公定利率为标准。此外，《农业协同组合利率计算要领》还规定了活期存款支付利息的最低存款限额为1000日元。也就是说，1000日元以下的活期存款没有利息。

2. 定期存款

定期存款与中国银行的定期存款基本一样。有半年、一年、二年、三年、五年等多种形式。定期存款的利率一般按存入时的市场利率为标准，不会随存款期间利率的变化而变化。定期存款比较稳定，便于农业协同组合的信用部门对存款资金的使用。因此，吸收农村的定期存款是农业协同组合的存款业务中的一项重要工作。

3. 结算存款

活期存款和定期存款主要是用于农民的生活领域，而结算存款多用于农户的生产方面的账务结算业务，包括农户农产品销售收入的入账和农业生产资料购买的支出等内容。农产品以完全委托方式售出后，销售收入首先转入农户的结算存款账户，农业协同组合扣除有关费用后，其余额为农户的实际收入。农业协同组合与农户的经济往来，都要通过“结算存款账户”进行。结算存款账户中的存款，一般不计利息，为了明确各种账务关系，农业协同组合一般每年将有关结账内容向农户通报2~4次。但当结算账户余额不足时，农户需要对欠款的部分支付利息。

4. 专项存款

专项存款是用于应付各种专项需要的农家资金存款，如子女教育存款、医疗专项存款、购置住宅存款等。专项存款是农业协同组合在指导农民进行生活设计的基础上，引导农民有计划地进行资金运用的一种方法。

5. 综合存款

综合存款又称为综合存款账户，它是集普通存款、定期存款、结算存款、专项存款等账户的功能为一体的一种多功能存款账户。开设这种账户的目的是为了方便使用者，防止结算时金额不足等问题，同时也是为了简化农业协同组合信用业务的手续，提高农业协同组合信用合作服务的效率。农户通常是同时使用综合账户和上述各种账户。

（二）农业协同组合的贷款业务

农业协同组合的贷款活动主要包括票证性贷款、抵押性贷款和结算性贷款三种类型。

1. 票证性贷款

票证性贷款是指不直接用现金支付的各种信贷。主要有支票、期票、证票等种类。采用票证进行贷款可以减少现金交易的不安全性，有利于迅速、简便地结算，提高资金管理的效率。票证贷款多用于各种短期的资金需求。

2. 抵押性贷款

抵押性贷款又称为担保性贷款，是一种通过贷款者承诺以一定的财产或土地作为担保条件而得到的农业协同组合的信贷。抵押性贷款的期限一般较长，返还时也可以采用分期还款的办法。农业协同组合所进行的各种贷款中，抵押性贷款占有一定的比重。

3. 结算性贷款

结算性贷款是指农民在购置农机、肥料、农药、饲料等农业生产资料时，在收到东西之后还没有来得及付款转账，进而在账户上出现的一种挂户现象。这种结算性的未付款，在性质上可理解为是农业协同组合向农户提供的一种短期信贷，所以也称之为“结算性贷款”。在农业的各种贷款活动中，结算性贷款占有很大的比重。

（三）农业协同组合的结算和资金运用业务

1. 农业协同组合的结算业务

农业协同组合的结算业务与上述存款、贷款业务一起构成了农业协同组合信用合作活动三大主要业务活动。与存款和贷款业务相比，农业协同组合的结算业务是一项比较新的业务。由于这一业务与存、贷款相比资金的动态性强，风险大，因此，对农业协同组合的结算业务的开展有一定的法律规定。

1953 年修订的新《农业协同组合法》里首次认可了农业协同组合可以进行各种结算业务。为了防止风险，规定开展结算业务的农业协同组合的存款总额必须在 10 亿日元以上，并规定农业协同组合开展结算业务的范围仅限于国内，不能从事国际结算业务。1982 年法律再次修订，对农业协同组合开展结算业务的限制才算真正有所缓和。目前对农业协同组合开展结算业务的限制已基本放开，其结算业务主要包括普通汇兑、电信汇兑、支票转账、托收承付等种类。

2. 农业协同组合的资金运用业务

农业协同组合的资金运用是其贷款业务的具体体现，在内容上主要分为两个方面，即农业性的资金运用和非农业性的资金运用。根据日本农林中央金库的调查结果显示，从 1950 年到 1975 年的 25 年间，由于日本经济的高速发展和农业生产的需要，农业协同组合用于农业的贷款规模每年以 20%速度递增，1970 年农业贷款占农业协同组合贷款总额的 47%。但近年由于内外环境的变化，从 1975 年到 1994 年，农业协同组合的资金运用于农业的信贷规模以每年 2%的速度递减，1995 年的农业贷款仅占农业协同组合贷款总额的 16%，比 1975 年降低了 31 个百分点。近年各种生活和住宅性贷款的比重明显增大，1995 年达到 57%，占到农业协同组合信贷总量的一半以上。

此外，根据《农业协同组合法》规定，农业协同组合的结余资金不得用于股票、企业债券、有价证券等非农业性的投资活动，并规定对农业协同组合成员以外的信贷规模最大不能超过贷款规模的25%。总的来讲，目前农业协同组合在资金的运用方面仍受到一定的限制。《农业协同组合法》规定，农业协同组合可以从事各种国债性的投资活动。1995年，农业协同组合系统的各种国债投资总额为4万亿日元，约占农业协同组合存款总量的6%。今后，随着日本农业生产条件的变化，农业协同组合资金运用的范围总体来讲会逐渐有所扩大，但农业性资金运用的比重将会进一步降低。

三、农业协同组合信用合作活动的基本特点

与一般的民间金融机构相比，农业协同组合的信用合作活动具有以下明显的特点。

第一，农业协同组合信用合作活动主要以农业协同组合成员为服务对象，不以营利为目的，在农户中具有较高的市场占有率。在农业协同组合的信用合作业务中，存款和贷款总额中来自农户个人部分的比例远远高于都市银行和地方银行。这说明农户个人存款和贷款已构成农业协同组合信用合作业务的主要部分。一方面，这与农业协同组合作为农村主要金融机关的地位有直接关系。农业协同组合的金融事业一直以农民为对象开展，其服务宗旨是取之于农、用之于农，在服务范围上对非农户有较为严格的限制，农业协同组合的信用合作形成了农村金融一统天下。另一方面，商业银行认为农民生产、生活相对不稳定，信用担保条件相对不足，对农业投资风险较大。再加上各商业银行分工不同，从而忽视了对农村金融资本市场的开发。但随着金融自由化的展开，各商业银行也开始加大对农村

金融市场的开发力度，农业协同组合的金融事业在农村一统天下的局面将逐渐被打破。

第二，中长期存贷款业务是农业协同组合存贷业务的主体。在农业协同组合的存贷业务中，中长期存贷业务的比重要比城市银行和地方银行高出许多。中长期存贷业务构成了农业协同组合存贷业务的主体，是日本农业协同组合信用合作的一个特色。由于农业协同组合的存款以中长期为主，农业协同组合在资金运行上有较高的安全性，有利于组织中长期资金的运用。但如果长期存款比重过高，需要支付的利息也会相应增加，从而使资金运营成本过高。此外，在农业协同组合的贷款中，长期贷款的比率占80%，比城市银行和地方银行要高出近 40 多个百分点。这主要是因为日本的商业银行主要是以流动资金等短期信贷为主，而长期性的资金借贷则是由各种专门金融机构（如长期信用银行）提供的。近年来，随着金融自由化进行，日本民间商业银行的长期存贷款业务也有明显增加，农业协同组合的长期存贷款业务面临激烈竞争。

第三，农户存款多于贷款，农业协同组合的资金存在明显的过剩现象。前面说过，在农业协同组合的信用活动中农户存款占比重较大，个人存款倾向较高，在农业协同组合的使用结构中存款总额远远地高出贷款总额，资金过剩比较严重。这种现象，一方面说明了农业协同组合在吸收农村存款上是卓有成效的，但同时也反映出基层农业协同组合组织在组织资金运用方面的力量还比较薄弱。

第二节 农业协同组合信用合作的组织和运营

一、农业信用合作的组织机构

日本信用合作体系由基层农业协同组合、县级农业协同组合联合组织（信联会）、农林中央金库和全国信联协会（由信联会和农林中央金库共同参加组成）三级机构组成。三级机构相互之间没有上下级制约的关系，只有职能和分工上的不同。三级机构都独立经营，独立核算，自负盈亏，但在经济上和职能上互相联系，互相配合，上一级组织有责任对下一级组织进行指导、提供信息和在资金发生困难时予以支持。农业协同组合的信用合作是一项非营利性的业务，其资金来源主要是吸收农村存款，服务对象原则上限定在农业协同组合系统内部的农户和农业团体。

基层农业协同组合是农村合作金融体系的基层机构，直接吸收农户及其他居民和团体入股组成。在各类基层农业协同组合中只有综合农业协同组合可以从事农业协同组合的信用业务。信用业务是农业协同组合业务活动的一个组成部分，主要任务是对农户提供存款和贷款服务。农业协同组合的成员可以优先申请贷款。基层农业协同组合除去贷款后剩余的存款，将按一定的比例以“再存入”的方式存入农业协同组合的县级信用联合组织（即县信用联合会）的账户，由县级组织帮助进行资金的运用。

基层农业协同组合的资金运用有两个主要途径：一是发放农村贷款；二是向农业协同组合县联合会进行存款。两者合计占信用合作资金运用总额的90%以上。值得注意的是，基层农业协同组合向县级联合会的存款，占到其资金来源总额的一半以上。可见，基层农业协同组合具有极强的资金筹集能力，但资金运用方面相对比较薄弱。

农业协同组合县级信用合作组织是县信用联合会（简称“信联会”），它是农村信用合作体系的第二层机构，主要以基层农业协同组合为对象开展信用合作业务。“信联会”的主要功能是帮助县内各基层农业协同组合进行资金管理，通过存贷款的方式来调节各基层农业协同组合之间的资金余缺，在全县内组织农业资金的调剂和运用，指导基层农业协同组合的工作。

县一级信用联合会的资金主要来源于三个方面：一是接受来自基层农业协同组合的再存款；二是借入民间金融机构资金；三是接受农业政策银行（农林公库）的专项资金贷款。其中，基层农业协同组合的上存资金占到信联会资金的很大部分。基层农业协同组合的剩余资金，按定期存款的30%、活期存款的15%上存信联会。县级信用联合会的资金运用途径为：①向农业协同组合的全国性金融机构（农林中央金库）进行再存款；②向辖区内的基层农业协同组合提供资金支持；③购买各种有价证券；④为农、林、渔业有关企业提供贷款。其中向农林中央金库的再存款一项占农业协同组合县级机构的资金运用总额的近一半。

“农林中央金库”（简称“央金库”）是农业协同组合信用合作的全国最高机构。它的主要职责是协调全国县级信联会的资金活动，在全国范围内开展农业资金的融通和调剂，开展农业协同组合系统内的资金管理，组织资金的合理运用。同时，“央金库”还要负责向信联会提供信息咨询，指导信联会的工作，其资金主要来源于信联会上存资金和通过国家批准发行的农村债券向社会筹集的资金。1995年，农林中央金库的资金量在全日本所有的金融机构中排到第一位，其资金运用主要是支持信联会的资金需要。农林中央金库也向与农业协同组合相关联的企业如化肥、农业机械等大型企业发放贷款和购买国库券等有价债券。

二、基层农业协同组合的信用合作

日本综合农业协同组合是日本农业协同组合开展信用合作业务的基层机构，专业农业协同组合不能开展信用合作业务。

综合农业协同组合的信用合作机构与商业银行不同，它是一种不以营利为目的民间互助型金融机构，它的宗旨是为农民会员服务、促进农业生产发展。

农业协同组合的信用合作机构的服务对象主要是农业协同组合的农户，功能是为农户提供存款和各种贷款业务。基层农业协同组合的资金主要来自于会员的存款。对于农业协同组合的成员和非成员，存贷款利率不同。对于农业协同组合内部的成员，存款的利率比商业银行高出 0.1%，贷款利率比商业银行低 1%～2%。但是对于成员以外的客户，存贷款利率与商业银行大致相同。农业协同组合不向会员外的大企业直接贷款，但剩余资金可以拆借给商业银行。农业协同组合的盈利除去当年的一切开支外，7%用于分红，剩余部分留作本农业协同组合的积累。

综合农业协同组合作为全国金融机构的一部分，承担了特殊的融资职能，它按照长期与短期贷款、一般信贷与互助融资、信贷与证券进行业务性分工，为不同的融资对象提供不同的金融服务。综合农业协同组合的信用合作网点覆盖农村各地，在激烈的存款竞争中可以最大限度地吸收民间资金，同时为农民提供稳定的资金供应。

日本国土狭小、多山、耕地面积少，日本农业又受一家一户式耕作的制约，且农业生产周期长、受自然条件影响大，对其发放贷款风险大，但日本农业机械化、现代化、集约化又需要大量资金。对此，日本国家和综合农业协同组合采取双管齐下的防险措施。农民希望与农业协同组合建立密切关系，保证有稳定的资金来源，遇到困难时可望获得农业协同组合的大力支持；同时农业协同组合也希望加强与农民的联系，在激烈的存款竞争中稳定资金来源，扩大经营实力，同时沟通农业协同组合与农民之间的信息，增强农业协同组合贷款的判断力，尽量减少可能发生的呆滞贷款造成的损失。农业协同组合一方面吸收农民的存款，一方面又向农民贷款，通过这样的方式，与农户建立了稳固的存贷关系。这样，既加强了农业协同组合的资金实力、减少了贷款风险，又支持了农业生产。由于综合农业协同组合具有网点多、离农民近的优势，国家财政通常委托农业协同组合发放扶持农业的政策性贷款。对于农业现代化资金、扩大农业经营资金、防治灾害资金等，贷款本金由综合农业协同组合出资，财政给予利息补贴，这种财政支持在农业协同组合的指导和监督下专款专用，有力地促进了农户购买农机设备、农田改造的实施，加速了农业发展进程，同时，支持了综合农业协同组合的金融业务，降低了信贷风险。

"信联会"是综合农业协同组合的上级机构，综合农业协同组合与之在业务上密切联系，资金相互融通，但彼此相对独立，都是经营农村金融的特殊法人，上级对下级只有指导、监督权，没有调用人、钱、物等直接干预和指导具体业务如何处理等权力。

综合农业协同组合与日本中央银行——日本银行是商行与央行的关系。虽然综合农业协同组合承担一些政策性业务，但它不是日本银行的基层组织，日本银行主要通过贷款政策、公开市场业务、存款准备制度和"窗口指导"影响综合农业协同组合的金融业务，从而对综合农业协同组合进行间接调控。

三、日本农户的资金来源

前面介绍了日本农业协同组合开展信用合作业务的基本情

况。农业协同组合的信用合作业务主要以农户为对象，农户的资金来源能够很好的体现出农业协同组合信用合作业务的效果。在日本，一半以上的农户通过不同的方式向社会进行资金的借贷。日本农户的贷款主要来自于农业协同组合系统的资金，全国城市银行、地方银行等各种民间信用资金，以及政府的各种财政资金。其中，农业协同组合的资金是农民借贷资金的一个主要来源，约占农民借贷总额的1/3，但农业协同组合的资金也不是唯一的来源。农户从基层农业协同组合得到的贷款中，绝大多数是通过农业协同组合开展的各项信用合作业务而借到的。也就是说，农户在得到农业协同组合信用合作机构的直接贷款的同时，也在享受着农业协同组合信用合作部门之外的部门的贷款。在此主要介绍一下来自农业协同组合非信用合作部门的贷款和来自政府的各种政策性贷款。

1. 来自农业协同组合非信用合作部门的贷款

农业协同组合非金融部门的贷款主要包括从农业协同组合生产指导部门取得的特殊贷款和农家购买生产资料的未付款。

一般情况下，为了推动某项农业生产，农业协同组合的生产指导部门也掌握着一定数量的政策性贷款。这种贷款尽管由农业协同组合的金融部门统一管理，但具体发放却是由农业协同组合的生产指导部门负责进行，因此在途径上可视为一种来自农业协同组合非金融部门的贷款。

另外，农业协同组合在开展各种生产资料的合作购买业务时，农民购买生产资料的款项有许多不是一次性付清的，这样在农业协同组合的生产资料合作购买部门必然会出现一定数量的未付款。这笔款项也可理解为农业协同组合的合作购买部门对农户的一种贷款。此外，像农业协同组合畜产经营部门委托农民进行家畜生产的各种大家畜、设施、设备等也都可视为对农家的一种实物性贷款。

2. 来自政府的各种政策性贷款

来自政府的各种政策性贷款主要包括两大类：一是来自农业政策银行的资金贷款；二是来自各级政府的直接性农业投资。农业政策银行的资金贷款主要包括农业政策银行（农林公库）的贷款和由“住宅公库”提供的农村住宅贷款。“农林公库”也会独立开展一些农业现代化贷款。除了这些农业政策银行提供的信贷之外，各级地方政府也有一定的专门性的农业信贷支持措施。

第十章　日本农业协同组合的合作保险

农业协同组合的合作保险事业，也就是通常所说的互助事业或共济事业。农户通过参与农业协同组合的合作保险，在发生灾害或年纪变老以后，全体会员联合起来，互助互济，以确保农业经营和农民生活的安定。农业协同组合的合作保险事业在农民的生产和生活中发挥着重要的作用。

第一节　农业协同组合合作保险的概念和种类

一、农业协同组合合作保险业务的概念

1946 年，日本开始实行土地改革。当时，政府强制征购地主的土地，然后卖给无地或地少的农民，从而铲除了日本封建土地制度，开始形成以自耕农为主的土地制度。

在农民生产积极性得到充分发挥的基础上，日本政府不失时机地引导了农村社会保险事业的发展。1947 年，日本政府制定了《农业合作组织法》。在这个法规的引导下，日本农村以社会保险为核心的各种“共济”事业得到长足的发展。日本农业协同组合的“合作保险”，实际上是一种互助互济事业，它以农民的相互扶助为基础，在农业协同组合的成员之间针对自己生产和生活上可能会存在的风险而进行的一种互相保障制度，农户共同承担基金筹集的责任。当农业协同组合的成员年迈、疾

病、死亡或遇到灾害时，“合作保险”将给予一定的经济补偿。合作保险部门不是商业性保险公司，它与商业保险有着本质的区别。

1948 年，“北海道共济农业合作组织联合会”开始兴办合作保险事业，后来各地也相继举办此项事业。1951 年，日本“全国共济农业合作组织联合会”宣告成立，标志着日本民办官助的农业协同组合合作保险网络的形成。

二、农业协同组合开展合作保险的种类

农业协同组合的合作保险事业业务十分广泛，其险种涉及农户生产、生活的方方面面，具有综合性特征。按照保险期限的长短，可以把合作保险分为长期保险和短期保险两大类。长期保险的保险期限一般在 5 年以上，而短期保险的保险期限为 5 年以下，其中以 1 年期限的短期保险为主。就合作保险的内容来看，主要可以分为养老生命保险、终身生命保险、子女保险、定期生命保险、养老金保险、事故保险、团体定期生命保险、定额定期生命保险、退休金保险、财产形成保险、住宅建设保险、住宅保险、汽车保险、农业机械和设施保险等 14 种。

1. 养老生命保险

养老生命保险的保期一般为 5 年 ~ 30 年，如果投保者在保期届满前意外死亡或发生一级伤残保险责任事故时，农业协同组合的保险部门将向投保者或其家属支付保险赔付；如果保期内没有发生保险事故，期满后可得到 50 万 ~ 3 亿日元的养老金，作为年老后的生活费。该险种保期为 5 年、10 年、15 年、20 年、25 年、30 年 6 个档次；投保者期满年龄为 50 岁、55 岁、60 岁、65 岁、70 岁、77 岁、88 岁不等。由于该险种是一种生命与养老混合型的险种，因此比较受中老年人欢迎。

2. 终身生命保险

终身生命保险对保期无任何限定，对投保者终身有效。如果投保者死亡或发生一级伤残保险责任事故时，农业协同组合将对其或其家属支付50万~3亿日元的赔偿，以保障其家属生活无后顾之忧。由于这种保险的保费相对比较便宜，因此较受农户欢迎。

3. 子女保险

子女保险是投保人以教育、结婚、离家独立及死亡等为目的筹措资金而设立的。被保人期满年龄为18岁、20岁、22岁不等。在保期届满前，如果投保人的子女死亡或发生一级伤残保险责任事故时，由农业协同组合的保险部门向投保人支付"养育年金"，作为赔偿，并免除交纳保费；在保险届满前如果没有发生任何保险责任事故，由农业协同组合的保险部门向被保险者支付期满保险金。期满保险金支付额度按投保年龄及投保期限有所不同，以相当于保险金额的25%~80%比例支付。该险种投保年龄为0岁~22岁。

4. 定期生命保险

定期生命保险与终身生命保险基本相同，但不同的是该险种可在5年、10年、15年三个保期内由投保者选择对自己合适的保期。当投保者在保期内发生死亡或发生一级伤残保险责任事故时，会得到农业协同组合的保险部门支付的50万~3亿日元赔偿。该险种如果保期内没有发生死亡或伤残，而且投保者在保期届满时没有提出更新保险合同要求时，该保险合同可以自动延长一个由投保者最先选择的保期。

5. 养老金支付保险

养老金支付保险与养老生命保险不同，在投保期限结束以后，投保者的养老保险金不是一次性得到，而是每年或每月在指定日期向投保人提供退休金，以保障投保人退休后的生活。如果投保人在保期内死亡，由农业协同组合的保险部门向遗属支付赔偿金。该险种分为“定额型”和“增额型”两类。“定额型”是每次向投保者等额支付的类型；“增额型”是每次以5%递增向投保者支付的类型。“定额型”和“增额型”由投保者自由选择。另外，该险种规定投保者由保费交纳结束时的年龄开始，到领取退休金年龄之间可设“空档期间”。退休金支付期间为5年、10年、15年三种。

6. 退休金保险

退休金保险的投保者仅限于农业协同组合或合作经济团体，被保险者应是农业协同组合的职员。按照日本《雇用法》的规定，农业协同组合和农业协同组合职员之间在经营上是雇用者和被雇用者的关系。当被雇用者退休时，雇用者必须向其支付一笔一定金额的退休金以作为被雇用者的养老费用。该保险实际上是农业协同组合（雇用者）筹集这笔退休金的一种方法。在操作上它活用了上述“养老生命保险”的基本做法，即农业协同组合作为投保者代表每个职员定期向自己的保险机构投保，到了退休年龄时由保险机构代替农业协同组合支付这笔退休金。该保险规定，被保险者只限适合作经济组织的正式职员，临时雇用者不能加入该保险，加入该保险的最低人数不得少于15人。

7. 事故保险

事故保险是对因各种突发性事故所造成伤亡的一种经济保险。保险的种类可以分为五种。事故的种类按其结果分为死亡、残废、重度后遗症、住院、手术、特别护理、一般治疗七个等级。保险的具体处理方式因事故结果不同而不同。

8. 团体定期生命保险

团体定期生命保险的加入对象为《农业协同组合法》规定的

农业协同组合组织，或与农业协同组合组织有类似性质的合作经济组织、团体等。被保险者为加入该组织的所有成员和家族（不包括10岁以下的儿童）。保险期限以1年为单位，在保险期限内一旦发生突发性死亡事故时，农业协同组合的合作保险机构将对受害者支付最高为3000万日元的保险金。

9. 定额定期生命保险

定额定期生命保险的加入对象是农家成员个人，保险期限为1年，保险加入年龄为0岁~59岁。该保险的最大特点是金额固定、加入简便、保险期间可自动更新。

10. 财产形成保险

财产形成保险是根据《劳动者财产形成促进法》的规定于1976年4月农业协同组合组织正式导入的一种新型保险。该保险的投保者仅限于各种合作经济组织，被保险者是合作经济组织（农业协同组合）的职员。

该保险的具体做法是，投保者每年或每月从被保险者（农业协同组合职员）的工资中扣除一个份额作为投保金交给合作保险组织，被保险者则可以以此为条件从住宅银行（政府政策性银行）或政府住宅基金中得到一笔低息住宅建设贷款。在承保期限内若被保险者因意外事故死亡或成为一级残废时，该贷款则由保险机构予以偿还。该保险的投保期限一般有5年、7年、10年三种，每年的投保金额在10万日元左右。

11. 住宅建设保险

住宅建设保险的做法与财产形成保险基本类似，所不同的是财产形成保险的利用对象一般多为农业协同组合的职员，住宅建设保险的利用对象可以是农户。此保险的操作方法是，农家以参加保险为条件，可以从农业协同组合的金融机构或有关银行借到一笔低息的住宅建设资金，在承保期限内，若被保险者因意外事故发生死亡或成为一级残废时，该借入资金则由农业协同组合的合作保险机构代为偿还。该保险的投保期限为 5 年 ~ 20 年不等，所借资金的上限额度为 2000 万日元。

12. 农业协同组合的住宅保险

住宅保险也称为建筑保险，它主要分为两类：一是住宅更新保险；二是住宅事故保险。住宅更新保险是对家庭住宅更新改造资金筹集的一种保险。保险的内容包括两个方面：①在承保期内若发生意外事故的话，保险机构将负责赔偿全部或一部分的修缮费用；②当承保期终了后，被保险的住宅没有发生任何意外损害事故，保险机构将支付一笔相当于赔偿保险金 75% ~ 90%的钱款，用于住宅的自然更新改造。投保期限一般有 5 年、10 年、15 年、20 年、25 年和 30 年六种。最高赔偿金为 2000 万日元。

住宅保险是指因各种自然灾害（如台风、洪水、降雪、火山爆发、地震、火灾等）所带来的家庭财产损失所进行的保险。该保险只是对住宅本身（建筑）的一种保险，不包括建筑物内部的各种财产，如汽车、贵金属、宝石、有价证券、家具、动植物等。

13. 汽车保险

农业协同组合的汽车保险可具体分为两类：一是对车辆自身的保险；二是事故赔偿保险。车辆自身保险是所保车辆因发生交通事故、汽车火灾、偷盗事故时的赔偿保险。事故赔偿保险是对因发生交通事故导致人员死亡、伤病，车辆、建筑物等损坏的保险。对故意性事故而造成的人员伤亡，视事故情况，保险金将按 50%、30%、20%酌减；对故意性事故造成的物质损失，赔偿保险金按 20%酌减。

14. 农业机械和设施保险

农业机械保险开始于 1980 年，就保险内容上来看主要分为两类：一是机械更新改造保险；二是农业机械损害赔偿保险。更新改造保险的承保期一般是该机械的折旧年限，根据情况不同主要可分为3年、5年、8年、10年等四个等级，投保金额最小单位为1万日元，保险金的支付范围为10万~500万日元。农业机械损坏保险的承保期限一般为1年，逐年进行更新。对于在承保期内因意外性事故而造成的损失，根据具体情况，合作保险机构将支付10万~2000万日元的经济赔偿。

设施保险是对各种农业生产建筑、仓库等设施的保险。保险期限原则上为1年，可以逐年更新。有时露天堆放的农用生产资料（肥料、饲料、木材）、农产品等也包括在内，视具体情况，该保险的期限也可以是1周、两周或1个月、两个月等。按照事故发生的原因和程度的不同，保险金的金额分为300万日元以下和3000万日元以下两种。

第二节　农业协同组合合作保险的组织体系

农业协同组合的合作保险体系在管理上实行的是统一筹划、分级负责的制度。与农业协同组合的信用合作体系一样，农业协同组合的合作保险体系也分为基层农业协同组合保险部门、县级农业协同组合保险组织（共济联）和全国农业协同组合保险组织（全共联）三个层次。

1. 基层农业协同组合保险部门

基层农业协同组合一般设有专业部门（如合作保险部）来承担基层农业协同组合的合作保险业务，它既是基层农业协同组合的一个业务部门，同时也是农业协同组合合作保险体系中最基本的单位，是全国农业协同组合保险系统中受理保险业务的窗口。基层农业协同组合保险部门的业务主要包括：①普及和促进农户投保，提高农业协同组合保险事业在农村市场的占有率；②承办农户的投保申请和赔付；③了解投保农户的生产、生活动态，指导保户正确享受保险的各项权利；④防止保险合同中途解约。

2. 县级农业协同组合合作保险联合会

县级农业协同组合保险联合会是基层农业协同组合保险部门的上级单位。其主要职责为：①接受来自基层农业协同组合保费的运用委托，并将其中一定比例向全国合作保险联合会进行再分保；②对保险申请进行审查和监察，以及合作保险资金的返还；③开展保险资金的安全运用，确保保险资金的稳定增值；④支持和指导基层农业协同组合的各种保险活动等。其中，对保险加入者的审查、监督和进行保险资金的运用，是县联合组织开展的合作保险活动中最重要的两个工作。

3. 全国农业协同组合合作保险联合会

全国农业协同组合保险联合会是全国农业协同组合保险系统的最高机构。其主要职责为：①接受来自全国各县级农业协同组合保险联合会的保险资金，形成全国农业协同组合互保体系，增强共同保险实力；②对所有保险合同实施统一管理，负责保险资金在全国范围内的运用；③对整个农业协同组合保险的业务规程、经营管理、机构设置等实施统一计划和指导；④配合和支持县级农业协同组合保险联合会开展各种保险活动等。

可见，农业协同组合三级合作保险体系是与农业协同组合的三级组织体系相对应的。这三个层次既相互独立，又密切相关；既有业务分工，又有组织协调，从而构成了农业协同组合合作保险的基本体系。

第三节　农业协同组合合作保险业务的开展

一、合作保险资金的流程

农业协同组合开展保险事业的业务流程主要包括保费上缴流程和保险金支付流程两部分。这两种流程都要经过基层农业协同组合保险部门、县级农业协同组合保险联合会和全国农业协同组合保险联合会三级组织，形成保费自下而上，保险金自上而下的一体化业务运营体系。

1. 保费上缴流程

农户购买保险时上缴的保费包括纯保费和附加保费两部分。纯保费包括风险保险金和保险准备金两部分；附加保费包括合同维护费、新签合同费及支付手续费。向保户支付保险金的大部分财源是由纯保费构成的，而附加保费所占比重较小。

投保户按保险合同规定的金额定期向基层农业协同组合保险部门缴纳保费。基层农业协同组合保险部门收到保户交纳的保费后，将全部纯保费及附加保费中不属于基层农业协同组合的预留部分上缴县级农业协同组合保险联合会再次投保，而把附加保费中属于基层农业协同组合的预留部分留下来用作基层农业协同组合开展保险事业的费用；县级农业协同组合保险联合会收到基层农业协同组合保险部门上缴的保费后，把其中全部纯保费及附加保费中不属于县级农业协同组合保险联合会的预留部分上缴全国农业协同组合保险联合会实施二次投保，而把附加保费中属于县级农业协同组合保险联合会的预留部分留下来用作县级农业协同组合保险联合会的保险事业费；全国农业协同组合保险联合会收到的是全部纯保费及附加保费中属于全国农业协同组合保险联合会的部分，附加保费用作全国农业协同组合保险联合会开展保险业务，而纯保费用作对保户的保险准备金。

保费的业务流程，既是保费的传递过程，也是保险责任和风险分担的过程。

2. 保险金的支付流程

基层农业协同组合保险部门负责与农户签订保险合同，与投保农户具有直接责任关系；而县级农业协同组合保险联合会与全国农业协同组合保险联合会与投保农户不具有直接责任关系，只具有间接责任关系。基层农业协同组合保险部门虽然与投保农户具有直接责任关系，但不承担对保户的保险金责任，保险金赔付责任由县级农业协同组合保险联合会与全国农业协同组合保险联合会按各自责任比例分担。县级农业协同组合保险联合会按照与基层农业协同组合保险部门签订的再保险合同，承担相应的保险责任。全国保险联合会按照与县级农业协同组合保险联合会签订的二次保险合同，承担相应的保险责任。农户与基层农业协同组合保险部门签订的保险合同，基层农业协同组合保险部门与县级农业协同组合保险部门签订的再保险合同，以及县级农业协同组合保险部门与全国农业协同组合保险联合会签订的二次保险合同，都是互相独立的。

在长期保险合同中，绝大部分的保费收入均由县级农业协同组合保险联合会和全国农业协同组合保险联合会按比例共同积累，用作期满保险金支付；而保费中的风险保费部分由全国农业协同组合保险联合会积累，用作灾害、死亡时的保险金支付。在短期保险合同中，原则上由县级农业协同组合保险联合会承担主要保险责任，其余部分的保险责任由全国农业协同组合保险联合会承担。

二、农业协同组合对合作保险资金的运用

各级农业协同组合在确保安全和低利返还农村的前提下，要对农业协同组合开展合作保险的资金进行多种形式的有效运用，确保资金的保值和增值。合作保险的资金主要用于以下几个方面：①购买国家和地方政府债券、金融债券；②各种类型的存款；③契约者贷款；④贷款信托；⑤购买外国政府、世界银行及外国金融机构以日元计价的外债；⑥购买公司债券和股票；⑦购买不动产等。

由于农业协同组合的合作保险活动对整个农村经济生产和生活具有重大影响，日本政府对农业协同组合的合作保险资金运用也有严格的规定，其主要规定如下：

(1) 对于一般性投资活动，在一个方向上的资金投入总额不得超过其总资产额的1/10。

(2) 对于股票、证券、土地买卖以及外币资产的取得方面，资金投入总额不得超过其资产总额的1/5。

(3) 对于以抵押方式的资金贷出，资金投入总额不得超过其资产总额的3/10。

(4) 鼓励和支持农业协同组合利用合作保险资金进行“还原性”的农村生产和生活方面的资金运用，但资金投入总额不得超过其资产总额的4/5。

三、合作保险经营利益的分配

农业协同组合的合作保险业务不以营利为目的，与一般商业性保险的一个最大区别就在于对保险利润的分配方法不同。对于因实际事故发生概率小于计划发生概率而产生的经营利益，100%返还给保险参加者；对于因实际管理费用（各种事务性开

支）的节约而产生的利益，最低20%返还给保险参加者；对于因保险资金的运用而产生的利益，在扣除农业协同组合自有资金部分所带来的利益后，剩下部分的100%返还给保险参加者。

第十一章　日本农业协同组合的生活、医疗服务活动

农业协同组合为农民提供从摇篮到坟墓的服务，既提供生活指导，也操持婚丧嫁娶等红白喜事。同时，它还设有医疗服务机构，为农户提供医疗保健服务。可见，在日本农民的生活中，农业协同组合无处不在。在日本农民眼里，农业协同组合似乎成了无所不能、法力无边的保护神。

第一节　农业协同组合的生活服务活动

农业协同组合的各项服务活动，不仅涉及农户的生产和经营领域，同时也涉及农户的生活领域。前者是为了提高农民的收入，后者则是为了改善农民的生活水平，把农民收入的提高转变为生活水平的改善，减小城乡的差距。在农村开展各种生活服务活动，是农业协同组合的一项重要职能。农业协同组合的农村生活服务活动主要包括三个方面：①农村生活指导；②生活用品的合作购买活动；③农村公共生活设施的购置和管理。

一、农村生活指导

农村的生活指导是对农户家庭的生活进行全盘的指导，对于改善和提高成员及当地的总体生活水平很有必要。生活指导事业的范围非常广泛，包括保健、消费、家计、福利、文化、娱乐等各个方面。农业协同组合的生活指导事业有三个特点：①以农户

自愿参与为前提；②与提高农业经营水平紧密联系在一起；③与销售、购买、信用、共济等农业协同组合的各项事业紧密结合在一起。为了搞好生活指导事业，农业协同组合配置专门的生活指导员，及时了解农户的生活状况，收集农户的意见和建议。同时还要与农业协同组合妇女部、青年部、农业改良普及所、市(町、村)、公民馆等部门保持联系和合作，使生活指导事业更加富有活力。

1. 健康保健活动

为了提高农民的卫生保健水平，农业协同组合经常开展多种多样的农家健康保健活动，如开展各种定期健康诊断，进行农民健康调查和健康咨询，开展各种农村保健、预防活动等。

2. 消费生活指导

消费生活指导活动的主要内容包括促进农村生活用品的合作购买，以及通过对各种商品的性能进行比较，向农家普及各种商品的实用知识等。农业协同组合开展消费生活指导的目的，是要引导农家消费活动向着健康和合理化的方向发展。

3. 家计计划活动

家计计划活动主要是帮助农民建立各种短期、长期的家计计划，培养农民养成收支记账的习惯和建立家计计划制度等。农业协同组合通过开展家计计划活动，能够帮助农民加强生产和生活活动的计划性，促进农业经营与家计生活的分离。

4. 农村文化活动

农村文化活动主要包括开展各种农村体育活动，举办文化节、读书会以及各种传统文化活动项目，如插花、书道、茶道、歌谣讲座等。按开展方式的不同，农村文化活动可以分为以农业协同组合为主体的活动和农民自己组织的活动两种形式。

5. 社会家庭咨询

社会家庭咨询活动主要是通过在农业协同组合设置的专门窗口接待来访的农民，为农民提供有关税金缴纳、住宅建设、退休金使用、家庭资产的管理运用以及交通事故、家庭矛盾的处理等方面的咨询。开展社会家庭咨询活动，可以帮助农民调节、解决实际生活中所遇到的各种社会、家庭问题。

6. 改善农村的生活环境

与农村生活环境有关的设施建设一般是由当地政府和农业协同组合负责购建的，如自来水供应、下水道铺设、农村道路建设等。同时还有许多是农民共同参加的合作活动，如农村绿化、环境卫生、庭院美化等。提高农民的环境意识，促进农民参加农村环境保护活动是这一活动的主要目的。

7. 农村福利活动

农村福利活动主要包括开展各种敬老活动，帮助农村老人解决各种生活困难，兴建各种福利设施和儿童保健设施等。农业协同组合开展各种福利活动，就是为了改善农村老人和儿童的福利、健康和卫生状况，提高农村整体的生活水平。

此外，农业协同组合还根据农村人口的年龄、性别的不同，组织了各种业余活动小组，开展多种形式的农村业余活动，比如各种研究会、俱乐部、生活小组、农村青年会、妇女会等。通过这些活动，一方面能够增进农户之间的了解和交流，也有益于加强农业协同组合与农民之间的联系，为开展各种生产和经营的合作创造一个良好的气氛。

二、农村生活设施的合作使用

农村的公共生活设施，主要包括各种农村福利设施、商业设施、自来水供应设施、农村广播通信设施、简易发电设施、煤气供应设施、汽车燃料供应设施、粮食加工设施、农副产品加工设施、食品调整设施、保健疗养设施、体育活动设施、图书文化娱乐设施、婚丧礼仪设施等。农村生活设施的合作使用，就是在农业协同组合的统一购建和管理下，将这些与农民生活需要密切相关的农村公共基础设施，通过收取一定手续费或使用费的方式供农民共同使用。

这些公共设施或基础设施往往是农民生活所必需的，但是由于造价高、费用大，而且很多农民都要使用，所以农民往往不可能单独购建并独自使用。这正是体现农业协同组合将分散的农户组织起来，为农民生活提供服务的时候。农业协同组合根据农民生活的需要，在经过全体成员大会表决通过后，统一建造一些公共设施，并对这些公共设施进行维护和管理。

农业协同组合建造公共设施只是为了给农民提供便利，提高农民的生活水平。因此，它购建的公共设施，必须真正是农民普遍需要的、能用得上的、能够改善农民的生活条件、改善农村生产经营条件的设施。同时，农业协同组合购建这些公共设施不是为了营利，因此，对使用这些设施的农户的收费很低，否则就违背了合作使用的精神。

三、农村生活用品的合作购买

(一) 生活用品合作购买的方式

农业协同组合除了开展生产资料的合作购买以外，还开展生活用品的合作购买。生活用品的合作购买早在第二次世界大战以前就已经出现。随着《农业协同组合法》的出台和农业协同组合制度的不断完善，农村生活用品的合作购买活动开始逐渐在全国的农业协同组合中普及，并成为农业协同组合在农村生活服务领域的一项重要工作。

农业协同组合从生产厂商或者从流通市场直接购入各种生活用品，然后再按实际费用价格供应给农民，从而可以让农民以出厂价或批发价买到各种生活用品。农村生活用品的合作购买在给农民生活带来方便的同时，也给农民带来实惠。

农业协同组合生活用品合作购买活动主要有下面两种方式。

(1) 计划购买就是根据农户对不同消费品的需求情况，分别按月、季度、年度接受农户的计划订货，当计划订货达到一定规模之后，再由基层农业协同组合通过上级联合组织向厂家或批发市场进行集体订货和购买，最后再由基层农业协同组合分别供给每个农户。计划购买的生活用品主要包括食品、日用品、服装、家具、电器等。计划购买经常采用的方法还有组织各种生活用品展销会和上门服务等。

(2) 商店销售是农业协同组合开展生活用品合作购买活动的另一种重要方式。综合农业协同组合一般都有自己的合作商店，通常各种零星的商品主要通过农业协同组合的合作商店进行供应。合作商店的商品主要是食品、日杂用品、被服和衣类等。商品的种类根据店铺规模的大小也不一样，少则几千种，多至上万种。

合作购买的商品，主要是通过农业协同组合向各生产厂商或批发市场直接购入，但其中也有一小部分是农业协同组合系统自己的工厂生产的产品。日本全国农业协同组合中央会的统计结果表明：到 1995 年为止，农业协同组合系统共开发生产各种食品（包括砂糖、食用油制品）241 个种类，1630 种规格；开发生产各种日用品 114 个种类，543 种规格；开发生产各种服装衣料 22 个种类，755 种规格；开发生产家用电器 1 种，5 种规格。农业协同组合开办的合作商店中 1/3 的商品是农业协同组合自行生产的。近年来，随着农业协同组合生产能力和开发能力的提高，自主生产的商品数目也在逐年增加。

（二）合作购买的范围

按照生活用品合作购买活动的范围不同，农业协同组合的生活用品合作购买活动又可分下面两种形式。

(1) 全国范围内的合作购买活动，是各个基层农业协同组合分别将其所辖范围内的各农户的需求情况汇总后，上报县级联合组织（县供销联合会），县级联合会再将本县内的需求情况汇总后上报到全国联合总会（全国农业协同组合中央会生活部），全国农业协同组合中央会生活部将来自全国的需求订货汇总、统计后，统一组织农业协同组合的工厂进行生产，或从生产厂家以及国内外市场进行计划购入。其供货方式主要通过县级物流中心，最终将商品运至基层农业协同组合的仓库或合作商店，具体销售和供应则由各基层农业协同组合负责进行。一般全国范围内合作购买的商品主要有两种：一是农业协同组合自己开发生产的产品，二是大宗的生活用品。

(2) 地区范围内的合作购买活动与全国范围内的合作购买大致相同。所不同的是农业协同组合的县级机构（县经济联合会生活部）是整个合作购买活动的组织者和协调者。地区范围内的合作购买的商品主要包括各种新鲜食品（如肉类、水果、蔬菜）和各种新鲜冷藏食品以及一部分生活用品。

全体成员的共同参加是农业协同组合进行生活用品合作购买活动的前提。为促进农民对计划购买活动的全员参加，农业协同组合又将农户按其地域分布情况编成一定的生活小组（班）。这种将消费者组织起来的方法是农业协同组合取得合作购买活动成功的一个重要原因。

第二节 农业协同组合的合作医疗活动

一、农业协同组合合作医疗活动的概念和类型

1. 农业协同组合的合作医疗概念

农业协同组合的合作医疗活动在日本又称为厚生事业，就是通过农业协同组合自己开办的医院，为农民提供医疗和疾病预防服务，保障农业协同组合成员的身体健康。农业协同组合开展合作医疗活动的目的，是为了提高包括农民家族成员在内的广大农村人口的健康和保健水平。

第二次世界大战以前，日本农村的合作医疗活动主要是以各级合作组织兼营的一些小规模的医疗机构为主。这些医疗机构后来逐步发展成独立的合作医疗组织（基层农业协同组合经营的医院）和地区性的合作医疗组织（县级联合医院）。随着《农业协同组合法》的公布，基层农业协同组合经营的小规模医疗机构逐渐合并到各个县级合作医疗组织之中，即现在的县合作医疗联合会。目前，各县的合作医疗联合会（医院）是农业协同组合合作医疗体系中的骨干，承担着日本农村合作医疗活动的主要部分。

现在，日本农村的医疗卫生状况比过去有了很大的改善，对各种疾病的预防和医疗都达到了较高水平，农村缺医少药的情况已基本不存在了。据日本厚生联农业协同组合联合会统计，2004年农业协同组合系统在各地拥有医院122间，病床37727张，诊疗所59个，农村健康检查中心23个，健康检查车202台。护理老人的设施23个，访问看护设施110个，中级护理师培训机构16个，高级护理培训机构14个。农业协同组合的卫生机构不仅

为农业协同组合成员看病，也为非农业协同组合成员提供医疗服务。2004年，在农业协同组合的卫生机构看病的患者达到2259万人，入院患者达到1196万人。

尽管如此，农村特有的一些医疗问题依然很多，比如农药中毒、机械事故、农家妇女的过劳性疾病等仍然存在。农业协同组合开展合作医疗一个重要目的是要早发现各种疾病，开展农村卫生保健活动，为合作经济的开展创造良好的条件。

2. 农业协同组合开展合作医疗活动的类型

农业协同组合的合作医疗活动按照活动的目的，可以分为治疗活动和预防活动两类。由于治疗和预防是医疗活动相互关联、相互影响的两个方面，因此在实际的合作医疗活动中二者是不可分离、缺一不可的。

治疗活动就是当农业协同组合的成员及其家庭成员患有疾病时，对他们进行的各种治疗。在农业协同组合的医疗设置中，有小规模的诊疗所，也有可以治疗各种疾病的综合性医院；有不设住院病房的专门治疗机构，也有可收纳很多患者住院治疗的大规模医院。一般来讲，各基层农业协同组合不直接经营医院，医院的经营和管理主要由农业协同组合的县级合作组织承担。农业协同组合的成员包括其家属都可以到县级合作医院去看病，享受农业协同组合合作医院的治疗服务。

如果说治疗活动是等到农民生病以后才开始发挥作用的话，那么预防活动则是在农民生病以前所进行的各种事前预防工作。预防工作的开展主要是以各基层农业协同组合为单位来进行。预防工作主要包括对农业协同组合职员的健康诊断和对农业协同组合成员的健康教育。农业协同组合会经常开展各种各样的预防活动，如开展健康状况调查、定期体检、事前预防和健康教育活动等。

二、农业协同组合合作医疗活动的开展

1. 各级农业协同组合在合作医疗中的职能分工

在日本，农业协同组合承担了农村的大部分医疗保健工作。农业协同组合合作医疗活动，实际上是一种农业协同组合组织之间的合作活动，各级农业协同组合在合作医疗活动中具有不同的职能分工。其中，全国农业协同组合厚生联合会负责都、道、府、县厚生联的联系协调和健康教育；都、道、府、县厚生联则具体开展农村医疗保健，为农民提供防病和治病服务，而基层农业协同组合主要分工从事预防保健工作，包括举办保健知识讲座，健康教育，定期体检等。

2. 合作医院

与农业协同组合的其他合作事业不同，农业协同组合合作医疗活动的“治疗活动”和“预防活动”分别属于两个不同的领域。其中，合作治疗活动即合作医院的经营与农业协同组合的金融、保险等经营活动相类似，是独立经营、自负盈亏的。预防活动则属于生活指导活动的领域，它与生产技术指导、生活指导服务等活动共同构成了农业协同组合综合指导活动的主要内容。

县级农业协同组合的合作医院是农业协同组合合作医疗活动的主要机构，它是按照农业协同组合全体成员的共同要求建立起来的一种公共设施。合作医院不仅是农民提供医疗服务的医疗中心，同时还是提高农村医疗水平、传播医药卫生知识、增进农民身心健康的农村卫生保健活动的中心。这就要求农业协同组合合作医院的工作人员不仅要重视合作医院内的治疗活动，更应重视院外的各种卫生普及工作。这是农业协同组合合作医院区别于一般民间医院的一个重要特点。

同时，与农业协同组合的其他公共设施一样，合作医院也是

非营利性的。这是农业协同组合合作医院区别于一般民间医院的另一个重要特点。当然，非营利并不是说不收费。为了提高医疗服务的质量，农业协同组合的合作医院不仅需要雇用有能力的医师和专家，还必须购置各种先进的仪器和设备。没有足够的合作经费支持，只靠农业协同组合其他部门、上级农业协同组合或地方政府的资助，不仅为农民提供的医疗保健服务的质量难以保证，合作医疗活动也很难维持下去。

第十二章　日本农业协同组合的教育、文化和宣传活动

农业协同组合不仅重视对农业生产和农民生活的指导和服务，同时也非常重视教育、文化和宣传活动。开展各种教育、文化和宣传活动，是农业协同组合经济活动的扩展和延伸，对于提高农业协同组合成员的文化水平、争取社会对农业协同组合的支持和理解、促进农业生产和经营、提高农民生活水平，都具有积极的影响。

第一节　农业协同组合的教育活动

一、农业协同组合为什么要开展教育活动

教育活动是保证农业协同组合的经济活动质量不断提高的重要条件。为了保证农业协同组合经济活动的高效率和秩序性，必须在农业协同组合组织内部有效地开展工作人员的教育活动，通过不断地提高农业协同组合职员的业务和技能水平，使其开展的各种经济活动不比一般的企业差，从而让农业协同组合的合作经济活动如合作购买、合作销售等，在激烈的市场竞争中立于不败之地。

同时，与一般的企业不同，农业协同组合的基本责任是发展农村经济，引导农民共同致富。由于每个农民的知识水平和认识程度不同，要取得所有农民对农业协同组合组织活动的一致支持

和信赖，并不是一件容易的事情。因此，通过开展包括各种文化、宣传活动在内的广泛的农民教育活动，以提高农民的知识和认识水平就十分必要了。再者，农业协同组合作为农村社区中的一个组织团体，围绕农业生产的基本主题通过开展各种农民教育活动，统一农户的意见，保持农民与农业协同组合在经济活动中的步调一致，是合作经济活动成功的重要条件；同时，对那些暂时还没有加入农业协同组合的农民或农村社区内的居民，通过开展各种教育、宣传活动以取得他们对农业协同组合开展活动的广泛理解和支持，也是保证农业协同组合组织活动成功的一个重要条件。因此，通过教育、宣传等活动以达到农业协同组合内（组织内部）、外（农村社会）两个方面的统一协调是农业协同组合教育活动的一项重要任务。

农业协同组合开展教育活动的一个基本内容，是通过围绕农业协同组合所开展的各种经济活动对其所有成员进行业务培训，提高业务技能，培养敬业精神，这不仅是为了更好地开展合作经济活动，更主要的是为了培养农业协同组合职员自觉地为农民服务的精神，从而达到增强农业协同组合组织活动的能力，提高农业协同组合业务水平的目的。

同时，以农业生产活动为中心，增强农业协同组合与农民之间的连带意识，团结所有农民，加强各层次的农民共同合作，是农业协同组合开展组织活动的一个基本出发点，也是围绕农业生产这个中心，进一步发展各种合作活动的重要手段。一个良好的教育活动，不仅是连接农业协同组合与农民的桥梁，也是增强农户之间联系的纽带。

随着农村社会经济的发展，农村社会中的非农化现象也在不断扩大，针对农村非农业居住人口的增加，农家经营的兼业化、多角化以及农村经济的多元化发展，开展各种形式的教育、文化活动，以争取整个农村地域社会对农业协同组合的广泛支持和理解是今后农业协同组合事业取得成功的重要条件。

农业协同组合的教育如果按其时效来区分的话，可以分为：①以当前业务为中心的实用技能、知识的学习；②从长远观点着眼的，以提高农业协同组合职员的基本素质，培养工作人员综合分析、判断能力的教育。农业协同组合开展教育活动的目的不仅是为了提高工作人员对某一具体业务的处理能力，更重要的还在于培养工作人员对各种外部环境条件变化的综合分析和独立判断应对能力。因此，通过开展各种各样的教育活动，提高合作经济组织对外部环境变化的综合应对能力，是农业协同组合教育活动的又一个重要目的。

二、对职员的教育活动

农业协同组合的职员是合作经济活动的组织者，承担着把农民组织起来发展农村经济，引导农民共同致富的责任。这就要求农业协同组合的职员要具有较高的理论知识水平，自觉地为农民服务，成为合作经济活动的排头兵。同时，农业协同组合的职员还必须掌握一定的专业技能和专门知识，开展对农户的专业服务和参与各种农业生产活动，替农民排忧解难。

因此，农业协同组合的职员在通过严格的筛选考试进入农业协同组合的队伍以后，农业协同组合还会经常对职员进行各种教育和培训。农业协同组合职员的教育方法，按照其活动开展方法的不同，主要可分为以下四种类型。

1. 自学教育

职员的自学教育是指职员根据自己工作的需要，采用自学的方式进行学习。自学的最主要的一个特点是以自我为主，独立学习。职员的学习时间和内容都由自己控制，不受时间和地点的制约，学习也更有针对性、实用性。但是由于缺乏必要的指导和约束，学习的质量和效果很难保证。

2. 现场教育

现场教育是指针对农业协同组合日常的工作中发现的一些具体问题，在工作现场由各级部门的主管人员通过说明、指导、实际操作等方式进行的业务教育活动。现场教育的目的明确，学以致用，而且可以通过亲自动手操作，反复进行，因此效果明显。

3. 内部交流

专业培训是指针对农业协同组合经营管理中的有关专门性知识、技术等，通过召开专门学习班的方式，召集有关人员进行共同的讨论和学习，以提高参加者的专门知识水平。专门学习具有较强的针对性，同时也有利于参加者之间的交流。

4. 外部进修

这种方式主要是将有关人员集中起来专门进行培训，或委托专门的教育机构进行教育、培训。外部进修有较强的专门性和系统性，但是需要花费一定的时间和经费，学习内容与实际往往联系不太紧密，容易走形式。

三、对农业协同组合成员的教育活动

农业协同组合的成员教育一般是通过召集一定的人员，组织大家共同参加的方式来进行的。开展活动的具体方法有现场会、小型集会、参观学习、事例展览等。

对农业协同组合成员的教育不同于一般的教育。由于学习的成员主要是农民，因此要想让农民愿意参加，并且能够取得良好的效果，学习的内容必须与农民的生产和生活紧密相关，具有较强的实用性，同时教育方法又要具有较强的趣味性，让农民愿意听、听得懂、用得上。

通过对农业协同组合成员的教育活动，应能使参加人员确实感觉到对自己的生产和生活有一定的帮助。比如如何提高农产品的产量，怎样解决生产过程中的各种技术问题，如何组织农产品上市，怎样才能保证产品质量等。另一方面，通过农业协同组合的教育活动，应能唤起农民对农业协同组合组织活动的自觉参与意识，加深与农民的感情交流，使农民感到合作经济组织的存在和作用，安心地从事生产和生活活动。

农业协同组合的教育活动要采用丰富多彩的方式来吸引农民积极、主动地参加，也就是说让农民自觉、自愿地参加学习。只有这样才能保证农业协同组合的各种教育活动持续不断地进行和有越来越多的农民参加。由于每个农民的知识和文化程度不同，只有保证农业协同组合成员教育的趣味性，才能使每个参加活动的成员都得到精神上的满足，从而增强对新鲜事物的学习和关心程度，最终达到提高大家的合作意识的目的。这一点也是农业协同组合成员教育与农业协同组合职员教育的不同之处。

第二节　农业协同组合的文化和宣传活动

一、农业协同组合的文化活动

1. 农业协同组合为什么要开展文化活动

农业协同组合在农民当中开展各种文化活动，首先能够满足农民的文化和精神生活要求，提高农民的生活质量。农业协同组合的合作经济活动不单纯是经济的、物质方面的，还应该包括文化和精神方面的。只有这样，农业协同组合的各种经济活动才能真正深入人心，得到广大农民的支持和参加。脱离了文化生活的单纯经济活动，最终只能是无源之水、无本之木。

同时，通过开展各类文化活动，有利于增强农业协同组合与农民的关系，强化农业协同组合的团结。农业协同组合的文化活动，是以成员包括其家族在内的所有农村居住者为对象的地区性社会活动，它与参加者的年龄、性别无关。通过各种形式多样的文化、艺术活动，增加农业协同组合与农民之间的接触和交流，取得大多数的农村居住者对合作经济活动的理解和信赖，对于促进农业协同组合经济活动的发展有着深远的意义。

2. 农业协同组合开展文化活动的主要内容

农业协同组合开展文化活动的内容主要包括娱乐、体育、趣味、爱好等各方面。农业协同组合的文化活动在内容和开展方式的选择上，有明显的乡土气息。这些文化活动，一方面紧紧地围绕农家生活，如开展各种料理讲习活动；另一方面紧紧围绕农村传统文化，如进行和服、插花技术、民谣的讲习等等。可见，农业协同组合的文化活动归根结底要从农村的现实和实际出发，采用农民喜闻乐见的方式，选择对农民有用的内容，这是农业协同组合的文化活动取得成功的关键。

二、农业协同组合的宣传活动

农业协同组合的宣传活动最初也是教育活动的一部分。但是近年来，随着农业协同组合的发展和职能的日益完善，宣传活动逐步从教育活动中独立出来，成为农业协同组合开展活动的一个重要的组成部分。

(一) 农业协同组合开展宣传活动的基本内容

农业协同组合的宣传活动可以分为对内的宣传活动和对外的宣传活动两部分。

对内的宣传活动也称为农业协同组合组织内部的宣传活动，其对象主要是农业协同组合的农民和工作人员。开展对内宣传活动是为了提高农民对合作经济活动的认识水平，加强农民对合作经济组织活动的参与意识，进而保证农业协同组合的合作经济活动达到预期的目的。

对内宣传活动的主要内容包括：①围绕农业生产和农家生活方面的宣传活动；②围绕农业协同组合的经营方针、政策和工作重点的宣传活动；③围绕为提高广大农民和农业协同组合工作者对当前农业政策、经济方针、文化活动等理解的宣传活动。

对外的宣传活动主要是针对居住在农村的非农业生产者和城市市民。农业协同组合开展对外的宣传活动的目的是为了让社会更好地了解农业，了解农村，了解农民，了解农业协同组合的合作经济活动，从而使农业协同组合的合作经济活动能够深入人心，得到社会广泛的信赖和支持。

对外宣传活动的主要内容包括：①向社会宣传农业生产的重要性，加深广大市民对农业生产活动的理解；②向社会宣传和普及各种农产品知识，扩大国内农产品消费市场；③向社会宣传农业协同组合合作经济活动的重要性和必要性，扩大社会对农业协同组合所开展的各种社会、经济活动的理解等。

农业协同组合的宣传活动所需要的费用一般由各级农业协同组合自行解决。基层农业协同组合的宣传费用与农业协同组合的教育、文化活动一样，算到指导活动的经费中，从农业协同组合经济活动的收益中支付。县级农业协同组合组织（县联社）的宣传费用，因考虑到其宣传活动的规模和范围都比较大，又具有一定的收益能力，因此其费用原则上由活动自身的收入来维持。考虑到农业在国民经济中的特殊地位，政府每年也对农业协同组合的宣传活动有一部分资金补助。

（二）农业协同组合宣传活动的开展方法

农业协同组合开展宣传活动的方法多种多样，五花八门。有的农业协同组合采用定期报刊的形式，以农民为对象开展宣传活动；有的农业协同组合以当地居民为对象创办专门的期刊、报纸进行宣传；有的农业协同组合通过各种集会的方式开展宣传活动；还有的农业协同组合通过电视、新闻媒体的方式开展宣传活动。

除此之外，农业协同组合的全国联合机构还拥有自己独立的出版机构和全国性机关报《日本农业新闻》及农业协同组合系统独立的广播机构—农林放送。

值得一提的是，日本农业协同组合不仅在国内积极地开展各种宣传活动，而且还积极地开展各种国际性的宣传和合作，在推动国际农业合作运动的发展方面也做了大量的工作。

第十三章　日本农业协同组合的展望

自从1947年日本颁布《农业协同组合法》以来，经过半个多世纪的发展，日本农业协同组合不断壮大、不断完善，同时也积累了丰富的经验。面对国内外环境的发展变化，日本农业协同组合又在适应新形势的要求，不断进行调整和改革。

第一节　日本农业协同组合的成功经验

日本农业协同组合发展至今，不仅取得了举世瞩目的成就，而且也积累了丰富的发展经验。纵观日本农业协同组合的产生和发展过程可以看到，它之所以能不断发展，离不开法律的保护、政府政策的支持、农民的拥护和人才的培养。正是因为有了这些基本条件，日本农业协同组合的发展才有了保证。

1. 法律的保护

1947年，日本颁布了《农业协同组合法》，它是为促进和保护农业协同组合的发展而制定的专门法律。20世纪60年代，又重新修订了《农业协同组合法》。该法明确规定：农业协同组合不同于经济团体和政治团体，是特别法人；承认农业协同组合自主经营权和民主管理权，以保证不受行政干扰，确保农民的经济地位；规定农业协同组合是不以营利为目的的经营团体，是服务机构，农业协同组合开展各种事业所获收入归农业协同组合成员所有。此外，《农业协同组合法》还对农业协同组合的成立、管理、解散等各个方面作了详细的规定，以政策和法律的形式确立了农业协同组合的任务、地位、经营范围、优惠措施等，使农业协同组合的成立和事业发展有法可依、有章可循。《农业协同组合法》是日本农业协同组合得以发展的基本条件。

同时，《农业协同组合法》又在不断的修订和完善。日本政府根据经济的发展和环境的变化，不断修改原有的法律规范和制定新的法律规范，使农业协同组合的一切活动都有可靠的法律依据。到目前为止，该法律已经修改了28次。

2. 政府政策的支持

日本农业协同组合的发展同样离不开政府政策的大力支持。如日本政府规定《垄断禁止法》不适用于农业协同组合，由此，将农业协同组合从非法联合组织中豁免出来，对其正当的行业联合和增强市场竞争能力给予了有力支持。这些措施使农业协同组合的市场占有率达到60%以上。

在扶持农业协同组合开展信用事业上，各级政府也都制定了相应的政策，通过国家贴息贷款、县政府的无息贷款及农林渔业金库贷款等支持，为农业协同组合提供资金来源，确保农业协同组合资金的充足。在税收政策上，给予农业协同组合较高的税收优惠，农业协同组合各种税收均比其他法人纳税的税率低14个百分点左右。对农业协同组合经营性和会员生产性共同利用设施（如大米仓库、烘干设备），政府给予50%补贴。在保险事业中，允许农业协同组合开展人寿保险和财产保险，而政府是不允许其他保险公司同时进行上述两种保险业务的。保险是日本农业协同组合营利的主要来源，而风险较大的农作物生产险和畜、禽险由政府专门的保险公司承保，农业协同组合不必承担。日本政府为了推动农业现代化、集约化等，财政设有专门的农业现代化基金、价格安定基金、土壤改良基金等十几项，每年约700兆日元，采取改革性贷款或政策性贴息形式，由农业协同组合负责贷给农民。这些政策推动了《农业协同组合法》等相关法律的贯彻和落实，对于促进农业向规模经营和集约化方向发展，促进农业基地化建设和产业结构调整，起到了积极的作用。

另外，这些政策的实施很少使用行政命令的方式，而是通过经济手段对农业进行调整。比如政府在新品种推广、农业基地建设、稳定蔬菜生产等方面，都是通过制定相应的补贴政策来完成的，这样不仅有利于政府计划的实现，也保证了农民能够得到真正的实惠。

3. 农民的拥护

日本农业协同组合开展的各项业务，都是以增加农民收入，改善农民的生产和生活环境为目标的。为了达到这个目标，农业协同组合发展多种形式、多样化的服务，方便农民，吸引农民，种种措施使农民从中尝到了甜头，给农民带来了实惠。日本农业协同组合事业的发展是随着农民的需求不断增加、完善和提高的渐进过程。现在，日本农业协同组合的服务内容非常广泛、具体，不仅服务于生产，进行营农指导，也服务于生活，进行生活指导；不仅进行购买，也从事贩卖；不仅进行资金融通，也可搞保险；不仅进行大型设施综合利用，还参与农村的开发建设。近年来，农业协同组合又开展了健康保健、婚丧嫁娶等方面的服务。也就是说，只要农民、农业、农村需要的，农业协同组合就开辟这个服务项目，并努力做好。因此，农业协同组合得到了广大农民的拥护。农民踊跃参加农业协同组合，服从农业协同组合的指导，为农业协同组合的发展提供了坚实的基础。这在农业协同组合成立之初表现得最为明显。

4. 人才的培养

日本政府一贯重视农业科研与推广工作，通过正规教育和社会教育并举的办法，采用灵活多样的方式培养农业科技人才。农业协同组合也建有完整的教育体系，用协同共济的精神培养人才。国家设有农业协同组合中央学院，各地方共有 41 所农业协同组合大学及各种研修中心。农业协同组合有严密的科学研究体制，有遍及全国的向农民普及农业技术和科技新知识、传播农业经营、市场动向、品种改良等信息的农业经营服务业和农事改良普及实业（如农业试验场、农业技术普及站等）。

第二节　日本农业协同组合面临的挑战

20 世纪 90 年代以来，由于农产品贸易自由化、经济全球化、国际化等外部环境的变化，以及日本农业的发展和农业协同组合内部因素的变化，日本农业协同组合的发展面临着新的转折，一些不适应新形势发展的问题也逐渐暴露出来。

日本农业协同组合面临的问题首先来自于农产品贸易自由化。从历史上看，日本农业协同组合一直是以粮食管理制度为媒介，充当政府农业政策辅助机构的角色，成为政府实施粮食管理等各种农业行政工作的有力助手。日本政府也一直实行传统的农业保护政策，得到了农民的拥护，使农民成为政府和执政党稳定的支持基础。但是，加入世界贸易组织（WTO）后，WTO 协议迫使日本政府放弃原有的农业保护政策，如增加国内生产量的规定、价格补贴政策、针对进口农产品的关税措施等，从而对农业的保护手段和政策实施力度有所降低。日本农业保护的发展道路被堵塞，极大地动摇了日本农业协同组合的根基。

例如，1994 年以前，农业协同组合有为国家收购大米之类的粮食的业务。这一业务使农业协同组合不但在政治上受益，而且在经济上更有好处。但在1995年日本开始实施《新粮食法》后，规定了国内粮食流通的完全市场化，这就意味着除农业协同组合组织以外，各种民间企业、商店都可以参与粮食经营。这样，农业协同组合长期独享的粮食专营的局面被打破。农业协同组合为了发展，只能在推销消费品和参与股票市场等方面另辟出路，但这些方面全都是农业协同组合的劣势。

同时，农业协同组合是农民自发形成的合作经济组织。在过去，农业协同组合的参加者大部分是农民。但随着农村城市化的迅速发展，以及在农村社区中非农民居住者的比重开始上升，农业协同组合的“准成员”的比重正不断增加，农业协同组合成员的非农化趋势也越来越明显，这就要求农业协同组合的许多职能非农化。如何适应这一形势发展的要求，及时地对农业协同组合的组织、制度和职能作出调整，也是日本农业协同组合需要面对的问题。

另外，日本的农业还面临着农业劳动力高龄化和农业后继者不足这两个问题。农业生产兼业化、妇女化、老龄化问题的存在，使农业生产的后继力量不足，农业协同组合的组织基础不断在退化。随着日本农村经济的高速发展，农村中的兼业农户不断增加，目前约占农户总数的85%。农业劳动者中有60%为妇女，大量妇女不仅是家庭主妇，也是主要农业劳动力。此外，农业劳动力中，65岁以上的老人所占的比重也由1960年的7%提高到2000年的约40%。而农村青年不愿从事农业生产，大量流入城市，更加剧了农业协同组合组织基础的退化。

此外，随着市场经济的发展，日本农业协同组合在经营管理方面的问题也逐渐暴露出来。首先，由于农业协同组合实施充分的民主管理，导致了其决策的迟缓和快速反应能力的缺乏，造成了时间和资金的浪费。其次，农业协同组合的经营业务方向越来越脱离农民、农业、农村。由于国内外形势的变化，农业协同组合的经营状况不断恶化，目前约有150多个农业协同组合出现亏损，且呈扩大趋势。农业协同组合为摆脱困境，求得生存和发展，不得不向以追求经济效益为目的的企业化方向转变，比如为农民提供的生产资料的比重下降，而推销生活消费品的比重却明显增加。再次，经营的中间环节多，费用高。日本农业协同组合目前采取的是三级制的组织体系，职员达47万人，工作人员的增多使费用急剧上升，必然引起会员收益的减少。此外，农业协同组合规模小，抵御市场风险的能力弱。日本农业协同组合大部分是按行政区域设立的，社员在350~750户之间，随着经济国际化的不断发展，规模小所带来的一系列问题将日益突出。

第三节 日本农业协同组合的发展趋势

面对日本农业协同组合所面临的新问题，21世纪如何实现日本农业协同组合组织的再发展，将在很大程度上左右日本农业的未来。进入21世纪后，日本农业协同组合呈现出非农化、机构精简化、经营企业化的发展趋势。

1. 非农化

随着农业现代化的大发展和农村城市化的迅速发展，农业不再是农村的支柱产业，农村不再是农户居住的单一区域而转为专业农户、兼业农户、非农户混居的社区，农民不再是农业协同组合的唯一成员。据了解，1980年日本农村中3/4的人口不再从事农业。日本农业协同组合成员成分的非农化率也逐年上升。成员成分的非农化导致了农业协同组合的非农化。随着日本农业和农村多方面职能的发展，农业协同组合的业务将扩大到整个社区，成为与行政中心并列的经济中心，有的还可能成为文化、福利和医疗中心。这是日本农业、农村和农业协同组合发展所经历的基本过程和重要标志，也是今后日本农业、农村和农业协同组合发展的基本走势。预计日本农业协同组合的非农化率将持续上升到50%以上。

2. 机构精简化

原来的农业协同组合涉及面广，覆盖范围大，工作人员多，基层农业协同组合多，层级关系纵横交错，机构庞大臃肿，缺乏灵活性和有效性。为了适应组织现代化、国际化发展的需要，加强农业协同组合组织建设，精简机构，提高服务效率成为农业协同组合组织制度改革的又一个重要趋势。农业协同组合机构的精简表现为横向合并和纵向精简两种形式。综合农业协同组合通过合并已从1990年的3574个下降到2003年的952个，但是距离532个的目标还存在一定的差距。虽然多数已经完成合并的农业协同组合，其经营、竞争能力增强的效果尚未体现出来，但这是大势所趋。另一方面，为减少中间环节，降低费用，提高效率，农业协同组合的组织结构将从“国家——县——基层”三层逐步过渡为“国家——基层”两层，即将县级联合会合并到全国联合会，形成“中央——基层”的组织体系。也可以合并基层农业协同组合，将原来的一个町村有一个基层农业协同组合改变成若干个町村有一个广域农业协同组合（仍是基层农业协同组合）的形式，最后形成以基层农业协同组合和全国组织双层的高水准、高机能、高效率的组织体系。到2000年4月，全国已有47个县级联合会与全国联合会实现了合并。

3. 经营企业化

由于农业协同组合经济优势的弱化、组织基础的退化、成员的非农化、农业经营环境的恶化以及国际竞争压力的强化，目前，150多个农业协同组合陷入了亏损经营且呈扩大趋势，还有一些贡献大、收益小的成员退出农业协同组合。为摆脱困境，求得生存与发展，农业协同组合不得不引入企业经营机制，向以追求经济效益为目的转变。但由于农业协同组合是农民自己的组织，在引入企业化经营机制的同时要同合作经营组织的原则结合起来，以保障农业协同组合的经营不违背农民团体和合作经济组织的基本原则。短期的目标主要锁定在供销事业，通过削减、合并及实施奖励机制等各种措施消除农业协同组合系统内的非营利部分，尽快使供销事业转亏为盈。目前，比较成熟的方案是实行常务理事会负责制，聘任社会上的企业家担任常务理事，具体负责农业协同组合的日常业务经营。

21世纪是合作经济事业的一个新的转折点，也是对日本农业协同组合现有的组织制度、生产方式、制度功能的再一次考验。不论是农业协同组合组织还是农村社区中的其他形式的合作经济组织，在与大资本集团进行竞争的过程中，如何取得农民（包括居民）对合作经济活动更加广泛的信赖和支持，在坚持和扩大为农民服务、为农业服务的过程中，如何为农村地域社会的发展作出更大的贡献，将是整个农业协同组合面临的重大问题。

附录一　其他一些国家的农业信用合作介绍

德国是信用合作运动的发源地。自从德国出现第一个信用合作社以后，信用合作运动很快传播到欧美各地，风行世界各国。

一、德国的农业信用合作

在德国，无论是农村还是城市，信用合作社都很发达。德国的农村信用合作社，最初是由雷发巽于 1849 年创立的。1872 年雷发巽系统的农村信用合作社开始联合组成地方性的联合体。1876 年又在各联合体的基础上成立了中央联合会。至 1905 年该体系的信用合作社已有 13000 多个，社员达百万人。继雷发巽之后，哈斯也在德国农村中倡导合作社。1930 年这两大系统的农村信用社合并，组成共同的全国联合会。

1850 年，舒尔茨在德国的德里希创立了被称为“贷款协会”的信用合作社，即平民银行。1883 年舒尔茨去世时，德国已经有了 1910 个舒尔茨体系的合作社，拥有社员 46 万余人。舒尔茨合作社的特点是：

(1) 社员以城市中的小工商业者、职员、薪资生活者为主，城郊农民也可参加；

(2) 社员必须认缴股金，而且每股金额较高；

(3) 采取有限责任制；

(4) 专营信用业务，可吸收非社员的存款；

(5) 贷款以短期信用为主，并着重票据贴现及抵押放款；

(6) 合作社盈利大部分作为股息；

(7) 合作社规模较大，可设分社；

(8) 合作社独立经营，反对集权式的联合组织；

(9) 拒绝接受政府援助。

至20世纪60年代，德国有此类合作社600多个，分社3000多个，社员超过160万。第二次世界大战前，舒尔茨式的合作社没有联合组织，战后组建了5个联合会。

1932年，德国合作中央金库成立，它是政府与合作社合办的半官方金融机构，在第二次世界大战中曾一度关闭，1949年重新设立。该金库不仅是农业合作系统的全国性金融机关，也是舒尔茨氏平民银行系统的全国性金融机关，因而它可以在农业与工商业之间进行季节性或区域性调节。

二、美国的农业信用合作

美国土地资源丰富，发展农业生产的自然条件极为优越。经过长期的努力，美国已拥有世界上最发达的农业，主要农产品除能够充分满足国内需要外，还能大量出口。美国早已实现了农业现代化，从而极大地提高了农业劳动生产率。20世纪80年代初，美国每个农业劳动力所生产的农产品可以供养的国内人口79人。在美国的农业发展史上，信用合作扮演了极为重要的角色。而今美国国民有2/3以上是合作社社员，可以说美国的合作金融是现阶段世界上最为发达的。

美国的农业信用合作体系是在政府的倡导下建立和发展起来的，分为联邦土地银行及基层合作社、联邦中期信用银行及生产信用合作社、合作银行三大部分。

1. 联邦土地银行及基层合作社

美国的第一家农民贷款合作社出现在堪萨斯州的贝尼县。到

1935 年，这类合作社达到最高数 5034 个（1980 年减至 500 多个）。1960 年，农民贷款合作社统一改名为联邦土地银行合作社。1916 年，美国政府参考欧洲发展农业合作的做法，在农民贷款合作社的基础上组建了合作性质的联邦土地银行系统，负责办理农业长期贷款。该系统设有统一的中央机构，分为 12 个各自独立的农业信用区的联邦土地银行。每个联邦土地银行实行股权所有制，独立开展业务。需要长期贷款的农场主必须向联邦土地银行合作社认购相当于本人贷款额 5%的股金，成为合作社社员。农场主偿还全部贷款后，可以退股，也可不退以便再贷。合作社则向联邦土地银行认购相当于本社社员贷款总额 5%的股金，成为该银行的共同所有者。联邦土地银行在发展中曾两次得到政府的大力资助，直到 1947 年，政府资金被全部还清，联邦土地银行才全归联邦土地银行合作社及借款人所有。

联邦土地银行合作社一般不办理贷款发放事宜。合作社接到贷款申请以后，对贷款项目进行审查，推荐借款人为合作社社员，报请联邦土地银行直接对借款人发放贷款。贷款风险则由合作社和银行共同承担。

2. 联邦中期信用银行及其生产信用合作社

1923 年，美国政府组建了与联邦土地银行平行的 12 个中期信用银行，下属 40 多家生产信用合作社。该银行与联邦土地银行相比有一些共同点：受政府影响较深；没有统一的中央机构；实行股权所有制；服务对象主要是农场主，等等。它们的不同之处在于，联邦土地银行专门发放 3 年～50 年的长期贷款，而联邦信用银行贷款一般为 1 年左右，最长不超过 7 年；联邦土地银行直接对借款人发放贷款，下属合作社不办理贷款事宜，而联邦中期信用银行贷款给生产信用合作社，再由合作社放贷给借款人。

3. 合作银行

美国的合作银行系统由一个中央合作银行和12个区域性合作银行构成。各区域性合作银行专门为本区域内众多的各类农场主合作社提供信贷服务；中央合作银行除对合作社贷款外，主要是对区域性合作银行贷款。

三、法国的农业信用合作

19世纪70年代，法国政府为解决当时存在的农业问题，曾试图创办一个全国性的农业信贷银行，但是没有成功。1885年，法国第一个雷发巽式的农业信贷合作社诞生。1885年11月5日，法国议会颁布法令，在法国建立农业互助信贷银行，并定名为“地方农业互助信贷银行”。该银行与雷发巽式的合作社不同，采取有限责任制，并且接受政府的资助。1897年11月18日，议会通过法令，由法兰西银行赠给地方农业互助信贷银行4000万法郎作为信贷基金。1899年3月12日，议会又颁布法令，由若干地方农业互助信贷银行联合组成省农业互助信贷银行。1920年，法国政府组建了国家农业信贷管理局，统一管理全国各省农业互助信贷银行的业务。1926年，该局改名为国家农业信贷银行，由农业部和财政部双重领导，形成一个全国性的农业信贷银行体系。这种半官半民的互助合作银行体制一直延续至今。

1950年是法国农业信贷银行的一个转折点。自该行成立以来，一直享受国家的预付投资，以经营中长期信贷业务。但从1950年开始，尽管它仍继续享受政府规定的利息补贴，但是这些预付投资却逐步被取消了。为了确保资金来源，农业互助信贷银行积极在农业界特别是乡村地区筹集资金，最初是活期存款，然后尽量用息票和债券的形式加以保证，从而在乡村地区获得了极大的成功。

法国农业互助信贷银行由于得到政府的热心援助和自身的努力，发展迅速。目前，该行已发展成为法国第一大银行，是世界五大银行之一。

四、韩国的农业信用合作

50年以前，韩国的农村生产力水平较低，加上农民的收入增长缓慢，大批农民离土离乡。留在农村的大部分农民为了维持家庭生活，不得不依赖于高利贷，不少农村人口等不到大麦收割期而饿死，被人们称为逾越不过的死亡“大麦岭”。当时，农业资金不足和私债市场成为韩国农业生产得不到发展，农民摆脱不了贫困生活的重要原因之一。

要发展农业和农村经济，增加农民收入，提高农业生产水平是关键，而资金是重要保障。没有资金就不能购买化肥、农药以及其他农用物资。一般的城镇银行、商业银行又不愿借贷给农民。当时韩国农业及农村形势迫切需要建立农业与农村信用合作机构。

1961年，经过农业有关部门的努力，韩国旧农业协同组合和农业银行合并，成为现在具有综合协调和服务职能的农业协同组合，农业协同组合的信用事业部门负责农村的信用合作业务，到20世纪70年代发展到一定的规模。当时，基层农业协同组合“相互金融”（以下称之为“互助金融”）的发展，为农民提供了大量生产和生活所需的资金，在推动农业与农村经济的发展中发挥了不可替代的作用。

1982年，韩国农村金融机构的事务所达7235个，占全国金融机构事务所的32%，而人均农村金融资金只有城镇金融的1/4，但是分布在农村地区的金融机构比城镇多。农村金融机构中“村金库”占农村金融机构总数的57.3%，经营农村金融业务的农村邮局占11%。

农业协同组合中央会、基层农业协同组合金融机构占农村金融机构总数的1/4，而拥有的资金额高达3/4，成为农村金融业的主体。包括市、郡支部在内的农业协同组合中央会的金融机构与一般银行不同，它从非农部门和非组合成员中集聚资金，贷给农业部门及农民，而基层农业协同组合是根据互助原则，从协同组合成员中集聚资金，贷给组合成员。

在农业协同组合开展的金融业中，基层农业协同组合的信用合作业务发展最快，所占比重最大，在农业金融业中的作用也最大。自1969年起步后，到1973年开始向全国普及，韩国全国有200多万农民组合成员，通过1473个基层组合和13个道支会、140个市、郡支部开展储蓄或贷款业务，主要是贷给农民用于提高农业生产水平和改善家庭生活。韩国的信用合作业务有三个特点：①凡是组合成员，谁都可以加入信用合作组织借贷使用资金，而非组合成员利用资金不得超出每年利用资金总额的1/3；②信用合作受政府保护，比一般银行的储蓄年息高2%~3%，享受政府的优惠政策；③信用合作的一切业务要通过中央农业协同组合中央会的互助金融特别会议开展，道支会和室、郡支部起着中介作用。

韩国的信用合作业务之所以发展迅速，主要有三方面的原因：①农民收入的持续增加；②发展信用合作有优惠的利率政策；③全国性的金融服务组织体系。首先，农业协同组合的信用合作组织的资金拥有量随农民收入的增长同步增长，并且远远高于农民的收入增长率，说明农民的收入增长是信用合作业务发展的重要原因。反过来，信用合作业务的发展又提高了农民的收入。其次，信用合作的存款利息比一般银行高1%~3%，因此吸引了更多农业协同组合组合成员储蓄。

来越多的退休养老金，国家的包袱必然越背越重，最终会形成难以为继的局面。而且，社会保险管理上的统一性与独立性要求往往难以两全。这种体制是对计划经济体制的一种改良，它未能充分发挥市场调节的作用。

二、法国的农村社会保险

法国农村社会保险则是通过“农业社会互助金”的形式来实现的。它的管理机构是全国性的“农业社会互助金管理处”，是法国第二大社会保险机构。参加保险的人数达600万左右，占法国总人口的10%，囊括了所有农村人口。

法国农业社会互助金由多方面构成，主要包括农业人口交纳的各种保险金、人口补偿、家庭补贴、国家财政预算补贴和国家对家庭的补贴以及部分税收政策上的补贴等方面。

农业人口交纳的保险金包括两种：一种是职业保险金，含疾病、工伤、残疾、丧偶、死亡、年老、生育、失业和家庭补贴等各项目；另一种是附加保险金，用于农村社会保险的管理、卫生和医务监督等。农业人员交纳保险金的计算方式又分领薪人员（雇员）和非领薪人员（雇主）两类。领薪者按其实际收入（含现金和农产品两个部分）计算。生育、疾病、死亡保险按工资总额的5.5%计算；丧偶保险按最高工资的0.1%计算；失业保险按最高工资4倍的1.7%计算；附加退休金根据协议分别计算；家庭补贴比例根据投保人的要求而定。所有的保险金都在工资中直接扣除。而非领薪人员的保险金计算方式为：职业保险金比例标准与领薪人员一样，只是按实际收入为计算基数；农业经营者（包括多种耕作和畜牧业经营者），必须交纳老年保险、农业经营者疾病保险和家庭补贴等保险金；从事土地翻耕、播种、种植蔬菜、经营畜牧业等生产活动的企业主，与农业经营者交纳的保险金种类相同，但保险金的计算基数不同，其基数由企业支付给工人的工资总数和企业主本人的工资组成。

法国农业社会互助金的保险对象和发放标准，也分为领薪农业人员和非领薪农业人员两部分。领薪人员包括农业有限公司的经理、雇工和农校的学生、领薪的总经理以及这些成员的家属。非领薪人员包括农业雇主、农业经营者、农业企业主等。互助金的发放根据投保者所交纳的保险金的内容不同而享受不同的标准。在条件具备的情况下，领薪人员可享受农业社会保险、家庭补贴和工伤补贴。非领薪人员可享受农业经营者的疾病保险、家庭补贴和农村养老保险。领薪者与非领薪者所享受的补贴大致相同，只在个别项目上略有差异。比如非领薪者在病休期间不享受工作日的工资补贴；女性农业经营者在生育期间不享受农业体制的特别津贴；非领薪者的工伤、非工受伤和职业病不属于农业社会互助金的保险范围，而属另外一种保险体制；农业经营者的养老保险金分为固定部分和非固定部分，固定部分发放给经营者本人及其家属，经营年限达到25年者，其退休金数额与养老工人的补贴相等；非固定部分只发给经营者本人，金额按退休积分的高低计算，退休分值每两年作一次调整。

可见，无论是在日本、法国，还是在波兰，农村社会保险都已形成制度和规模，家庭的自我保险已经退居二线。农民年老和患病时，也需要子女在生活上的照料和心理上的慰藉。但是，他们的经济来源主要是依靠社会而不是子女或家产。换句话说，离开了家庭和子女，他们同样能凭借自己保险来源支撑正常的生活。

参考文献

[1] 章政．现代日本农业协同组合．北京:中国农业出版社,1998.

[2] 胡伯龙．日本的农业协同组合及其评价．吉林省经济管理干部学院学报,2001(3).

[3] 王东京,等．农业协同组合托起经济一片天．中国经济时报,2001-11-14.

[4] 陈东荣．日本农业合作经济组织的考察及借鉴．发展研究,2003(7).

[5] 郭静,等．日本农业协同组合的诞生与发展．中国果菜,2003(6).

[6] 李显刚,石敏俊．日本农业协同组合的历史贡献、存在问题及发展趋势．中国农村经济,2001(3).

[7] 张秀娟,史建民．日本农业协同组合的特点、经验及对我国的启示．山东省农业管理干部学院学报,2002(1).

[8] 金瑛．日本农业协同组合的特点与作用．延边党校学报,2004(4).

[9] 岡部守,章政,等．现代日本农业．北京:中国农业出版社,2004.

[10] 刘大洪,李华振．三农治理中第三部门的法学机理与制度变迁研究．北大法律周刊(电子版),2005-12-10.

[11] 史金喜．美日欧农民合作经济比较及对中国合作社改

革的启示. 合作经济参考,2005(1).

[12] 刘多田. 日本农业协同组合概况. 合作经济与科技,2001(8).

[13] 刘多田. 日本农业协同组合的组织. 合作经济与科技,2001(9).

[14] 刘多田. 日本农业协同组合的管理. 合作经济与科技,2001(10).

[15] 刘多田. 日本农业协同组合的指导事业. 合作经济与科技,2001(11).

[16] 刘多田. 日本农业协同组合的事业. 合作经济与科技,2001(12).

[17] 王东京,等. 农业协同组合托起经济一片天. 中国经济时报,2001-11-14.

[18] 张莉霞. 日本给农产品发身份证. 环球时报,2003-08-29.

[19] 刘多田. 日本农业协同组合的加工事业. 合作经济与科技,2005(221).

[20] 李延云,等. 日本的农产品加工业. 世界农业,2005(9).

[21] 建设新农村,我们也许能从日本借鉴点东西. 新华每日电讯 4 版,2006-02-24.

[22] 周应恒,耿献辉. 发达国家的畜牧业产业组织结构特征[J]. 世界农业,2003(1).

[23] 揭新华. 国内外农村社会保险的比较研究 [J]. 上饶师范学院学报,1997(2).

[24] 刘伟明. 日本农业协同组合事业的特征、内容及其运行机制[J]. 浙江现代农业,2003-12-16.

[25] 冯武勇. 市场报,2002-11-05(10).

[26] 江平. 日本农业协同组合的经验与启示. 绵阳农专学报,1995(2).

[27] 对日本农业协同组合的考察报告. 中国产业发展跟踪研究报告(农业),2002(11).

[28] 金瑛. 日本农业协同组合的特点与作用 [J]. 延边党校学报,2004(4).

[29] 胡定寰. 日本一级农业协同组合经营特征——以鸟取县东伯町为例. 科学决策,2002(11).

[30] 李中华. 日本《农业协同组合法》的解读与初探. 农业经济,2002(12).

[31] 辽宁省农业考察团. 对日本北海道农业协同组合及农业情况的考察报告. 农业经济,2000(11).

[32] 辽宁省农经考察团. 对日本农业协同组合的考察报告[J]. 农业经济,2002(10).

[33] 欣桦. 日本农业协同组合:在农业和农家生活中发挥重要作用. 今日科技报道,2005-10-10.

[34] 刘春浦. 日本的粮食流通生产和流通. 粮食流通技术,1999(6).

[35] 杜吟棠. 合作社:农业中的现代企业制度. 南昌:江西人民出版社,2002.